創意的*12*把金鑰匙：
為孩子打開一扇新窗

陳龍安　編著

進入創意門，終身創意人；

擁有創意鑰，開啟成功門。

拿對鑰匙，就能登堂入室；

拿錯鑰匙，得其門而不入。

作者簡介

陳龍安，福建省金門縣人，1949 年 5 月 26 日生。國立臺灣師範大學教育學系畢業、輔導研究所輔導學碩士、教育研究所教育學博士。

曾任國民中小學教師、組長、教務主任、臺北市立師範學院特殊教育學系教授、特殊教育中心主任、創造思考教育中心主任、身心障礙教育研究所教授、溝通障礙教育研究所教授、創造思考與資賦優異教育研究所教授兼所長、中華創造學會理事長。

現任臺北市實踐大學企業管理研究所及家庭教育與兒童發展研究所教授、台灣教師專業發展學會理事長、臺北市立師範學院創造思考與資賦優異教育研究所、國立臺北護理健康大學醫護教育研究所兼任教授、香港創新學習學會名譽會長、大陸全國學習科學研究會名譽會長。

為傳播創造思考，出版系列創意叢書，各項著作頗豐，主要著作有：《創造思考教學的理論與實際》、《創意父母快樂孩子》、《智能教育的理論與應用》、創意家族叢書……等著作共 104 本，其他論文共 380 篇，以及系列「為孩子打開一扇新窗」錄音書、清涼音有聲書、「創造思考系列」光碟數套。

先後得獎無數：論文、演講比賽第一名、特殊優良教師獎、師鐸獎、教育部青年發明創造研究獎、國科會學術著作及專題研究計畫獎助、教育部特殊教育學術著作特優獎等。並在國內外學術機構論文發表，重要者有世界資優教育會議、中華民國特教學會、中華民國心理學會、國科會、臺灣區師範院校學術論文發表會、中國北京中科院心輔所超常兒童學術研討會、國際語文教育研討會主題演講。

推動及主持創造力訓練與講座千場次以上，包括國內外公私立機構，例如：臺灣省政府、考試院高普考及格人員訓練、監察院、行政院人事行政局公務員訓練中心、文官培訓所、臺北、高雄市公務員訓

練中心、法務部調查局、國軍退除役官兵輔導會、臺北市教師中心、臺灣省國民小學教師研習會、臺灣省中等學校教師研習會、香港政府教育署師資訓練、臺灣銀行、華南銀行、臺灣中小企銀訓練中心、宏碁電腦教育訓練中心、工研院、中小企業協會，以及各醫院、公司，例如：台灣菸酒公司、台糖公司、中國鋼鐵公司、東元、統一、歌林、智邦、臺揚科技、廣達電腦、鴻海工業等創造力訓練。

　　曾經擔任過行政院新聞局金鼎獎評審委員、中廣「窗外有藍天」、華視「早安今天」、空中大學節目主講人、教育廣播電臺「空中創意教室」主持人，以及多家機構的顧問；主編創造思考教育、國小特殊教育等，以及《國語日報》、《吉得堡兒童美語雜誌》、《樂喜》、《家庭月刊》等雜誌的專欄。終身致力於創造思考教育的研究與推廣，理論與實務兼顧，創立「創意家族」、「創造思考教育中心」，從事各項創造力專案研究及教學實驗，並將成果及研究心得經驗以傳教士的心情到處傳播，行腳遍及臺灣各角落。多次獲香港、澳門、新加坡、馬來西亞及中國大陸邀請講學與主持創造力訓練，當地報紙及電視製作專題，享譽海內外。

作者序

　　走過上一個世紀劇變的時代，資訊與科技迅速發展，社會多元化的腳步也愈來愈快，人類正面臨著一個以「腦力」決勝負的「三創」（創意、創新、創業）時代。《教育大未來》一書就提到，創造力與創新力是現在及未來我們需要的關鍵能力；哈佛大學在博雅教育的五個目標中，就希望學生畢業後能夠繼續培養創造力，用嶄新的方式看問題。

　　在知識經濟時代中，創意和創新是成功的必要條件，而創新和創意皆以創造力為核心智能。更進一步地說，創意與創新能力之培育，不僅是提升國民素質之關鍵，亦為發展知識經濟之前提，所以創造力教育也就成為未來教育工作之推動重點，也是未來世界公民的重要基礎能力。

　　我從事創造力的人才培育工作已超過四十年，感受到創造力對我們下一代的發展十分重要，而且就國內外研究文獻或我自己的研究發現，都肯定創造力是可以訓練的，而且一經訓練、終身有效。但究竟創造力要如何教？要教什麼給他們？我思考了很久，也嘗試了很多方法，但都不得其門而入，後來在參加世界資優教育會議時，接觸到 S. E. Clements（1983）的創造與批判思考之自我訓練方法，突然靈機一動，茅塞頓開，啊哈！給孩子一把創意鑰，讓他們能開啟創意之門，也就是：

> 進入創意門，終身創意人；擁有創意鑰，開啟成功門！
> 拿對鑰匙，就能登堂入室；拿錯鑰匙，得其門而不入。

　　我多方尋找、不斷嘗試，終於有了「創意的 12 把金鑰匙」之架構，並在 1988 年出版了《做個聰明人：創意與批判思考的自我訓練》

一書。後來，再經過各種創意教學研討會的分享，其間也利用擔任中華創造學會秘書長、理事長，台北市立教育大學創造思考教育中心主任，以及創造思考與資賦優異教育研究所所長的機會，成立了創造思考教學師資班，課程中也將創意鑰列為教材，師生共同激盪，以「創意的 12 把金鑰匙」作為教學目標，設計及出版了一系列的創造思考教學活動，並邀請資深且優秀的老師組成「為孩子打開一扇新窗」的節目製作小組，錄製了「創意的 12 把金鑰匙」的影片，同時我也著手將多年來的教材編輯成冊，但一直沒時間統整，一擱就是好幾年，如今有幸將這套教材與影片承心理出版社應允發行，於是整理更新，完成了本書以及一套 DVD。

　　「創意的 12 把金鑰匙」包括認知、情意與批判思考三方面：「認知」的鑰匙是：敏覺、流暢、變通、獨創、精密等五力；「情意」的鑰匙是：想像、挑戰、好奇、冒險等四項心理特質；「批判」的鑰匙是：分析、綜合、評鑑等批判思考解題的三寶。

創意的「認知」鑰匙

- 敏覺（Sensitivity）：敏於覺察問題，發覺問題關鍵。
- 流暢（Fluency）：能夠很快想出很多的解決方案。
- 變通（Flexibility）：能夠發現各種解決問題的替代方案。
- 獨創（Originality）：能想出不尋常的答案及新穎的想法。
- 精密（Elaboration）：在原來的觀念添加、修飾、引申或擴大。

創意的「情意」鑰匙

- 想像（Imagination）：異想天開，化不可能為可能，具有視覺化或心像化。
- 挑戰（Complexity）：從混亂、困頓中理出頭緒，處理複雜與混亂問題。

- 好奇（Curiosity）：對問題能夠追根究柢，去調查、探詢、追問。
- 冒險（Risk Taking）：能具探索猜測、嘗試、實驗或面對批判的勇氣

創意的「批判」鑰匙

- 分析（Analysis）：分解檢查整體的各部分，瞭解彼此間關係。
- 綜合（Synthesis）：重新安排各部分，形成一種新的形式或結構。
- 評鑑（Evaluation）：是評估衡量事物的價值、做事的方法。

「創意的 12 把金鑰匙」讓我們在面對問題時能找到解決問題的關鍵，培養孩子面對未來挑戰與困境的能力及競爭力。過去，我用這 12 把金鑰匙培訓了無數的社會菁英，近年來更在澳門、香港、大陸及新馬地區培訓中、小學教師，獲得許多迴響；另外，我還把這 12 把金鑰匙應用在大、中、小學生與幼兒的課程中，並經實驗證明成效卓著。今後希望可以進一步利用這些鑰匙，建構一套更有系統的創造力訓練課程。

本書雖以學生為對象，但其內涵及精要也可做為各行業進行創造力訓練的重要指標；本書在編撰上並不特別強調理論的闡述而採用活動方式的介紹，加上係多年來師生腦力激盪下的成果，所以較缺系統性，甚至有些概念會一再提到，難免重複，雖美中不足，但較具實用性。我也特別在每把金鑰匙前，依定義、特質及策略活動統整成一篇簡要介紹，以協助讀者理解其精義。此外，在使用本書的金鑰匙當做訓練教材時，除了可以配合「問想做評」的創造思考教學模式及創造思考策略與技法的運用之外，也可以自由挑選喜歡的活動作為自我訓練的教材。

　　本書得以出版，非常感謝多年來修過我的課或參加我主持的研討會之成千上萬的各行業夥伴，這裡面有你投入的心血與智慧，也謝謝參與我節目製作的創意家族智囊團，更謝謝心理出版社斥資出版本書及 DVD 光碟。

　　未來的社會將呈現「英雄淡出，團隊勝出」的趨勢，而本書正是團隊智慧的結晶～「創意的十二把金鑰匙」～感恩有你！

2014 年 3 月 20 日

目　次

壹、創意的認知五力

創意的第 1 把
金鑰匙

敏 覺

(*Sensitivity*)

是一種覺察的力量
培養敏於覺察問題，發覺問題關鍵的能力

敏覺（Sensitivity）

敏覺是……

觀察

敏感

感知

覺察

明白

注意

自覺

知覺

- 明察秋毫
- 獨具慧眼
- 洞燭先機
- 旁敲側擊
- 料事如神
- 觀察入微
- 高瞻遠矚
- 見微知著
- 機警過人
- 知己知彼
- 眼明手快
- 一葉知秋
- 眼觀四面
- 耳聽八方
- 自知之明
- 先知先覺
- 察言觀色

敏覺（Sensitivity）

敏覺的關鍵字是「覺察」。敏覺是一種覺察的力量，培養敏於覺察問題，發覺問題關鍵的能力。「敏覺」的同義詞有「洞燭先機」、「觀察入微」、「明察秋毫」、「見微知著」、「一葉知秋」，也就是敏銳觀察環境與事物的能力，能看得到別人看不到的地方。

一、敏覺力的特質

敏覺力的要素是能長期專注，透過五官並用（視、聽、嗅、味、觸）的吸收，而具有外觀與內照的能力：

· 外觀是看到，是指對事物、環境有敏銳的觀察力。根據《韋氏大字典》的解釋，敏覺是：對於身體遭受刺激時所產生的立即反應。個人對外在環境變化有辨別認知的能力，而做出適當的回應。敏感度高的人對於稍有異樣的狀況，可以馬上感覺出來。

· 內照是感受，是指一個人具有自我反思與深省的素養與習慣，能從內心去體會感受自己所作所為而能發覺自己不足的地方，並在修為上有所調整改變，所以能從忍受到接受，最後能達到「犧牲享受，享受犧牲」的境界，讓自己的人生更美好。

二、敏覺力的策略

1. 細節觀察：處處留心皆學問的觀察，從大處著手、小處著眼；試試看用心去感覺、觀察、了解周圍的人、事、物，不要只用眼睛看、耳朵聽那些表象的東西，還要留心身旁的微小事物。

2. 自我檢測：透過持續的專注與自我省思的提問，覺察當下忽略的問題，例如：你是否匆忙地接續一個又一個的活動，沒有付出太多注

意？你是否常一面聽著別人說話，另一面卻同時做著其他事情？

3. 深層感受：「在大自然的懷抱裡，充分感受到一株小草之美，其所帶來的喜悅可以跟一棵樹、甚至一座山一樣多。」

4. 反思與內省：每天對所處理的事務反思與內省，做為檢討改進之依據。

5. 提問思考：會提出關鍵性的問題或自我引導的問題，並加以思考，尋求發現。

    例如：(1)發現了什麼？

          (2)為什麼這樣？

          (3)如果不是這樣，那會怎樣？

          (4)結論是……

三、敏覺力的訓練活動

1. 瞎子摸象：在家裡不妨偶爾閉起眼睛走路、做事，用手的觸覺摸東西，分辨物品的材質及名稱。

2. 回想與描述：閉起眼睛回想任何一樣周遭事物的細節，愈詳盡愈好！

3. 每天入睡前，閉上眼睛回想：我今天做了哪些事？哪些是我感到滿意的？哪些是尚待加強的？哪些又是我敏覺力的表現？

4. 撥雲見日，回歸自然純淨：走入自然、師法自然，聽大地萬物的聲音。

5. 經常閱讀充實知識、背景基礎；到處遊覽增廣見聞，擴展視野。

敏覺（Sensitivity）

敏覺能察覺外在世界，是指一個人能夠敏於覺察事物，具有發現缺漏、需求、不尋常及未完成部分的能力，也就是對問題或事物的敏感度；敏覺具有內照的力量，對自己的內在世界有些覺察省思，而發現自己的問題。

◎敏覺的關鍵字是「敏感」◎

當你具有下列各項行為時，你就具有敏覺的特質：
1. 發覺房間的東西被人動過。
2. 在路上遇見一位朋友，發現他補了一顆金牙。
3. 能很快發覺太太發脾氣，是因為你沒有認同她所買的洋裝。
4. 遭遇問題時，往往能很快的發掘問題的重點及困難之所在。
5. 上課時，發現老師的髮型改變了。

練習：
請列舉昨天晚間新聞播報員的各項特徵：

1. _____

2. _____

3. _____

4. _____

5. _____

敏覺（Sensitivity）

敏覺就是……

敏覺是什麼？試著把你的想法寫下來。

敏覺是：

1. 看見問題的關鍵，能一針見血的提出重點。
2. 對同樣的事物有新的發現與感受。
3. 觀察入微，體貼別人，了解別人的心情，能將心比心，有同理心。
4. 如氣象報告，能用事前的徵兆，察覺未來將發生的變化。
5. 見微知著，在細微處發現其與平常之不同，在別人不疑中，探究可疑點。
6. 爸爸吃飯時，若拿著「碗」看你，就是忘了幫他拿筷子。
7. 在賣場聽見「最後五分鐘優惠，要買要快」時，就必須對海產的新鮮度仔細檢視。
8. 老師講重點的時候，要特別認真聽講。

敏覺是：

敏覺（Sensitivity）

- 跟你的朋友約好，共同訂一個目標，例如：「學校門口」，然後和朋友一起去學校門口走一走。回來後，將所觀察的、想到的記錄下來，然後彼此提出來討論，看看誰能發現別人沒注意到的現象。
- 利用一些外出的機會，例如：在餐館、在電影院……時，試著觀察其他人的表情、姿勢或打扮的特徵……。
- 閉著眼睛回想昨天上班（學）的路上，或剛才在街上的情境，盡可能詳盡，並能自問自答。試著閉起眼睛從臥室走過客廳到洗手間，慢慢來，可別摔倒了。你有過把眼睛矇起來做事或下棋的經驗嗎？請試一試！
- 盡量和具有某方面觀察力的人接觸，例如：古幣鑑賞、美術鑑賞……等專家，學習他們的鑑賞方式。
- 經常看影評、社論或評論問題的文章，你會對事物的了解更深入。
- 下面圖畫中的人在做什麼？

請觀賞這幅畫三十秒，並將你觀察到的寫下來，愈多愈好。
想想看，你曾在什麼場合看過這樣的情境，請寫下來！

敏覺（Sensitivity）

在下列情況下，你是具有敏覺力的表現：

1. 看到老師的臉色變了，就知道老師生氣了。

2. 很快發現到老師發脾氣，是因為作業還沒交。

3. 遇到困難時，能很快察覺出錯的地方。

4. 外出回家時發現大門有異，猜想有陌生人在房間。

5. 去商店買東西時，留意店內物品的擺設，下次要買東西時，就可以節省找尋的時間。

6. 從拼圖中，可以發現其相互間的關係，而由無到有，由小到大。

7. 到公共場所（如電影院、KTV……）能留意安全門的位置，以及逃生路線。

8. 看見車禍，立刻記下肇事者的特徵與車牌號碼。

敏覺（Sensitivity）

請試著走出室外，到街上繞一圈，特別注意一些人的行為特徵，回來後立刻記錄下來。

- 這些人的性別？年齡？衣著？表情？走路的樣子？還有哪些你所觀察到的特徵，記錄得愈詳細愈好。

- 抬頭看看你前面的環境或人物的動作，閉上眼睛試著回憶，描述他們在做什麼？有哪些特徵？

敏覺（Sensitivity）

在平常的生活裡，我們常會用一些習慣性的行為，來處理我們日常的事情，來看我們身邊的人，因此，往往「只緣身在此山中，不識廬山真面目」，我們失去了敏銳的覺察力，對事物缺乏敏覺性。若不信，請描述一下每天都摸過、拿過的十元硬幣，愈詳細愈好：

正面是 _____

反面是 _____

接著，請拿一枚十元硬幣對照一下，詳細檢討你有哪些缺漏之處。

正面是 _____

反面是 _____

要具有敏覺性，首先要脫離「習慣」的羈絆，試著對每件事物培養仔細觀察的習慣，凡事都試著由各個不同的角度去觀察，注意去看、去聽、去接觸，不要只看表面，還要深入探個究竟。當你注意到別人所沒注意到的部分，你的思考也就會與眾不同。

日常生活中的敏覺練習

在日常生活中，你可以試著以下面的活動來測試及訓練孩子的敏覺力。

1. 改變孩子的玩具或作業，看看改變的程度要多大或經過多久，孩子才能感覺出來；同時觀察他發覺之後是否比以前更注意，如果再改變會不會發現得更快。

2. 給孩子一些語意謬誤的句子，讓孩子找出其中的錯誤處，或不合理的地方，例如：「法官對犯人說：『我今天判處你死刑，對你將來是一個很好的教訓』」或是「爸爸對電影院售票員說：『今天我兒子超過 120 公分，請退票，過兩個月我再帶他來看電影時，就可以不用買票了。』」

3. 給孩子一些問題讓他去發現問題的缺漏。可以從孩子喜歡的事物或故事上著手。

4. 指導孩子人際關係及察顏觀色的技巧。

5. 孩子會做的事儘量讓孩子有獨立學習的機會。

6. 給幾種不同的花瓣或有味道的東西，讓孩子聞一聞並辨別不同花香或物品的味道。

7. 聽完故事後呈現故事的圖片，看看孩子能否找出其中與故事不同之處。

8. 請孩子到鏡子前面，並仔細看看自己：

   假裝你不認識自己，鏡子裡的人也不是自己，請專心看著鏡子裡的那個人，能不能客觀的看出自己是怎樣的一個人。

   不妨再拿出照片，注視自己的照片，把照片裡的自己變成陌生人。你到底看到什麼，思考一下自己的影像。

   你會發覺：重要的關鍵不在外表，而在腦子。

   你也許是腦子的擁有人，但是不是能加以控制呢？記住，不能只用自己的眼睛看事物，必須擴大觀點，囊括所有的觀察層面，培養宇宙性的眼光。

敏覺的障礙

到底是什麼阻礙了我們的敏覺力？

有個例子：商場中有三家電器行，彼此為了生意，無不絞盡腦汁、搜索枯腸，使出絕招。

第一家推出一幅巨大廣告：
「全臺北市第一家最便宜的電器在此」

第二家則推出不同的廣告詞：
「全臺灣最便宜的電器行在此」

第三家也不甘示弱，也提出一幅大廣告。
你會想到用什麼詞？是「全中國」或「全世界」。
其實都不是，這一家只寫了四個字：
「入口在此」

如果你一味承續前面二家廣告的模式，就會被局限於同樣的思維領域中，產品自然平淡無奇，跳不出格局，所謂「只緣身在此山中，不識盧山真面目」。事實上，我們常會陷入思考的瓶頸，而失去了敏覺性。

下列的因素會阻礙敏覺性。

1. 無法察覺環境的緩和改變

習焉而不察，時代在變，環境在變，不能以不變應萬變。瓦斯中毒死亡的人，開始時雖會感覺有一點點異樣，但終究因人的嗅覺會適應而遭殃。我們常聽到所謂「入芝蘭之室，久而不聞其香；入鮑魚之肆，久而不聞其臭」，例如：我們到別人家聞到一股奇特的味道，但他們家的人卻都沒有感覺；口臭者不知自己臭……等，即為明證。

就是由於人都具備適應環境的能力，使我們習慣這種微微的改變，而無法像剛從外面進來的人一樣，能夠立即察覺如此濃的異味，若一直延續下去就可能會面臨危險。

孩子的改變也是一點一滴的，父母如果長期忽略，就很容易鑄成大錯。

2. 每天安安穩穩的生活

每天面對同樣的環境做同樣的事，過著安安穩穩的生活，這種墨守成規、安居樂業的心態，就會失去思考的敏覺性。

所以憂患意識，居安思危，都有助於提高敏覺性，反應在企業界，則是人事異動、工作調整、在職訓練、吸收新知等活動。

3. 公式化或定向的思考

人的思考如果「公式化」，也就是「習慣成自然」，遇到什麼樣的事一定要怎樣做，若碰到新環境、新問題時，就很難應變。

例如：問一名國小二年級的小孩說，他爸爸有 10 元，媽媽有 10 元，買餅乾用去 10 元，買糖用去 5 元，共用去幾元？

他居然回答 35 元，問他為什麼，他說：「共」用去幾元，就是用「加」的。

各位不妨試試下面的問題：

題目：用 5 公升和 7 公升的桶子，要取 8 公升的水到大桶，該怎麼辦？

答案：用 5 公升的桶子取二次倒進大桶，就有 10 公升，再將大桶 10 公升倒進 7 公升的桶子，剩 3 公升，最後再用 5 公升的桶子取水倒入大桶。

4. 先入為主的觀點

若認為孩子不好，就愈容易看到缺點，而看不到優點。每個人對世間萬物都把持不同的觀點，有時候只要稍微轉個彎，整個世界就會完全改變。

例如：孩子趴在書桌上睡著了，有些父母會認為：「這孩子偷懶！書不讀又睡覺了！」

另外，有些父母可能會想：「這孩子真用功，讀書讀到睡著了！」

生活中的敏覺力

1. 改變生活空間

不妨每隔一段時間就將家中的擺設改變一下。在日本，有一家企業是以「朝令夕改」作為公司宗旨，其目的是預防墨守成規，由於環境、狀況不斷的變遷，早上做的決策到了晚上可能發現需要修正，當然不能不改。

2. 改變生活時間

許多主管的時間都是由別人（祕書）所安排的，上下班時間固定、行程固定、加班固定、下班固定……。有時不妨稍微脫軌一下，或許會發現一片新天地。

3. 改變生活習慣，例如：
- 每天開車，偶爾搭公車。
- 嘗試走不同的路。
- 吃不同的菜。

4. 從鏡中透視自己，例如：
- 每天醒來或睡前照照鏡子。
- 自問自答：「我是誰？」、「我真正想要的是什麼？」

5. 如果我要發明：
- 觀察一些商品，發現其不方便之處。
- 如果我來發明，我會如何做？

敏覺練習 1

・請仔細看一看，下面兩幅圖，有什麼不同？

・請抬起頭來看看你的四周，並仔細觀察和欣賞，把你平時所忽略的
　地方，寫在下面：

敏覺練習 2

・說說看，在這幅畫中，你看到了什麼樣的人？

（圖片取自 Leeper, 1935）

敏覺練習 3

· 請從下面的 B 圖和 D 圖中，找出隱藏的 A 圖和 C 圖，再用色筆描畫出來，並記下你所用的時間。

A 圖時間：＿＿＿＿＿＿＿＿＿＿

B 圖時間：＿＿＿＿＿＿＿＿＿＿

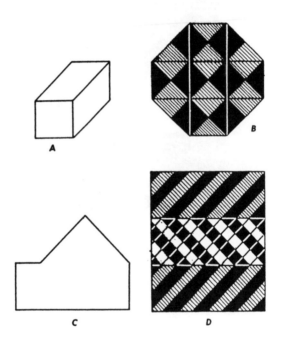

（圖片取自韓幼賢，1984，頁 184）

敏覺練習 4

· 假如今天早上老師一進教室時，他（她）的臉色很難看，你猜想，
可能發生了什麼事？

· 如果爸爸（媽媽）下班回家時，滿臉笑容，顯得特別高興，你想可
能是什麼原因呢？

敏覺練習 5

· 試著從團體中，選擇一位觀察的對象，觀察其所有的特徵、動作、外貌、姿勢、習慣等，在下面空白處描述，並請其他人猜猜看，「他」是誰？

特徵描述
他是誰？

敏覺‧開門

‧請設計一些能增進別人「敏覺性」的活動，與大家分享！

敏覺的創造思考教學活動設計

設 計 者：宋美麗
指導教授：陳龍安
單元名稱：敏覺
思考技巧：腦力激盪
活動目標：培養兒童仔細觀察周遭事物及發現問題的習慣
準備教具：作業單、空白作業單（自行設計）、各生心愛的蒐集品
活動構想：讓學生了解自己和別人在觀察人、事、物的角度和方法上
　　　　　有何不同，並由活動中學習如何提高自己的敏覺度。

活動內容：

1. 暖身活動與遊戲──不一樣就是不一樣：全班圍成圈，每次一人至
　室外，將自己從頭到腳，做三處改變，再回到圈中，讓大家猜測哪
　裡不一樣？
2. 每個人說說平常觀察人時，最先注意的是什麼？請舉例說明。
3. 打開電腦時通常最關心的是什麼？經常略過不看的是哪一部分？
4. 將自己心愛的蒐集品帶一件來，向全班做介紹，愈詳細愈好，尤其
　是別人常常忽略的小地方，儘量向大家說明（例如：娃娃、汽車模
　型、郵票……）。
5. 在剛才看到的蒐集品中，試著說出連它的主人都沒有注意或發現的
　特點，至少二處。
6. 說一說自己對什麼最敏感？對什麼最不敏感？可舉例說明。
7. 具有高度的敏覺，會有什麼好處？
8. 完成作業單。
9. 全班共同評鑑完成的作業單。
10. 每個人設計一個能訓練敏覺力的活動，並寫在空白作業單上。
11. 說一說這次上課的心得。

• 請記錄這一週來，有關「敏覺」的一些事例……

星期日
_____

星期一
_____

星期二
_____

星期三
_____

星期四
_____

星期五
_____

星期六
_____

_____年_____月_____日至_____年_____月_____日

創意的第 2 把金鑰匙

流　暢

(*Fluency*)

是一種構想的力量
運用腦力激盪，想出大量點子或想法的能力

流暢（Fluency）

流暢是……

許多

一群

一個個

多量

大量

一些

很多

- 意念泉湧
- 旁徵博引
- 俯拾皆是
- 紛至沓來
- 信手拈來
- 連綿不絕
- 接二連三
- 行雲流水
- 如數家珍
- 左右逢源
- 洋洋灑灑
- 應對如流
- 一瀉千里
- 多多益善
- 集思廣益
- 思路通暢
- 滔滔不絕

流暢（Fluency）

流暢是一種構想的力量。我們常常形容別人言談之間「口若懸河」、「應對如流」、「妙語如珠」、「滔滔不絕」，為文字裡「行雲流水」、「信手拈來」、「洋洋灑灑」、「一瀉千里」，這些都是流暢性的表現。

一、流暢力的特質

流暢的特質就是「多」，能產生大量構想的能力，包括：

1. 觀念多（ideational fluency）：指產生觀念的流暢力，能就問題或需求想出大量構想的能力。
2. 聯想多（associational fluency）：一種尋求關聯性的能力，根據某樣東西來引發想像。
3. 表達多（expressional fluency）：指能以不同的表達形式去組織意念的能力，包括語文、肢體行為的表達。

二、流暢力的策略

1. 腦力激盪法：個別或集體的腦力激盪，三個臭皮匠勝過一個諸葛亮，集體創作也是訓練自己流暢思路的好方法。
2. 筆記法：隨時做筆記，並常翻閱，在翻閱的同時不但可以幫助我們整理這些紊亂的資訊，更可以協助自己將這些資訊歸納成有系統的檔案，有助於建立流暢的思考。
3. 接龍的技巧：可看圖說故事、故事接龍或看一段影片、文章後替它們命名，愈多愈好。字詞或成語接力：兩個字的如：桌子→子葉→葉片→片斷……。
4. 問題練習法：設計以下問題，例如：以假如、比較、舉例、替代、

除了、可能、想像、組合、類似、六 W 等，來作創意思考答案練
習；六 W 分別是 Why、What、Who、When、Where、How。

5.閱讀的策略：閱讀能增加知識；流暢力之高低，是否能夠運用自
如、口若懸河、對答如流，是要以豐富的知識內涵為基礎，平時應
多閱讀、多聽、多看。

三、流暢力的訓練活動

1.形容人文筆奇佳的成語有「洋洋灑灑」、「信手拈來」，請問你能
再列舉十個嗎？又，「百年樹人」、「目光如豆」這兩個成語中都
有植物名，請想想還有哪些像這樣的成語？

2.請在三分鐘內以不同的方式用三個以上的數字組成答案為 12 的算
式。

3.可利用零碎時間做聯想的練習，例如：在公車上看到一位老婆婆提
著菜籃，我們可以開始天馬行空的想像原因，或是聯想在老婆婆身
上可能發生的故事。

4.先環顧四周，找出圓形的物體，之後再於所到之處試著尋找同為圓
形的東西。

5.提供任何一個物品，例如：茶杯，列舉茶杯的用途，愈多愈好。

6.平常看電視有些廣告詞可以拿來配更多的詞：

例如：不在乎天長地久，只在乎曾經擁有。

不在乎天長地久，只在乎記得多久。

不在乎天長地久，只在乎是否錯過。

……

流暢（Fluency）

流暢即是能想出多項可能性或答案的能力，也就是指反應觀念的多少。

◎流暢的關鍵字是「多樣性」◎

在下列情況下，你會有流暢的表現：

1. 列出一張希望獲得的生日禮物時。
2. 替新寵物取個適合的名字時。
3. 找出許多形容你弟弟的字眼時。
4. 很訝異竟能為自己找出各種不能交作業的理由時。
5. 辯論比賽中，可以侃侃而談。
6. 編曲時，音符能不斷浮現在腦海。
7. 寫作文時，能文思泉湧，下筆如行雲流水。
8. 準備一個 show 之前，大家紛紛想出許多表演的造型。
9. 上課時，老師問：「雨傘可做什麼？」大家絞盡腦汁想出各種用途。
10. 和同學比賽，在一分鐘內誰說出電影名字最多？

練習 ：

請列出其他你曾試用過的方法，可以激發出大量的點子。

你是否曾想過，小寵物也可能有流暢性？

流暢（Fluency）

流暢就是⋯⋯

流暢是什麼？試著把你的想法寫下來。

流暢是：

  1.在活動中不會「打結」中斷。

  2.很痛快的把心裡的話講出來。

  3.海闊天空，任我遨遊。

  4.聯想力非常豐富，思考如泉湧。

  5.聚寶盆取之不盡、用之不竭。

  6.舉一反三，洋洋灑灑，左右逢源，點子永遠用不完。

  7.在接龍講故事中總是等別人的反應。

  8.能自圓其說，編出千百個藉口。

  9.「一瀉千里，一發不可止」。

10.張小燕似的口才。

11.口若懸河，滔滔不絕。

12.想到什麼就講什麼。

流暢是：

流暢力的表現

1.聯想的流暢力

相關事物的聯想，讓我們能很快地舉出與問題類似的，或相同構造原理的其他事物，以訓練廣泛蒐集資料的能力，為下一階段的統整、分析、變通思考作準備。

 ・材料相同的聯想，例如：哪些東西是木材做的？
 ・相關用途的聯想，例如：還有哪些車子？
 ・語文的聯想法，訓練抽象的相關事物聯想，例如：舉出與「植物」有關的成語，以擴大認知的範圍。
 ・功能、構造相同的聯想，例如：舉出根據槓桿原理製造的東西。

2.字詞的流暢力

指按照所提升的條件，寫出同音同韻單字、字組或語詞的能力，例如：請寫下有「ㄤ」韻的字；請寫出含有「一」的成語或有「口」部的字，愈多愈好。

3.在限制的時間、自由的情境內，產生滿足某些需求的觀念之能力，例如：提出方案、字詞、問題、觀念……等數目的多少。

4.表達的流暢力

造出流暢的句子、片語的能力，或是想出新見解、歸納成體系理論的能力。

 ・朗讀課文或文章，以訓練語言表達的速度及精確度。
 ・快速地描述故事情節，以達成快速吸收→整理→表達的流暢力。
 ・小記者報導新聞，以訓練機靈的反應力。

流暢力訓練

· 請列舉出與「數字」有關的成語或諺語：

```
┌─────────────────────────────────────────┐
│                                         │
│                                         │
│                                         │
│                                         │
│                                         │
│                                         │
│                                         │
└─────────────────────────────────────────┘
```

參考答案：一鳴驚人、二八年華、三陽開泰、四季如春、五福臨門、
　　　　　六六大順、七嘴八舌、八面玲瓏、九牛一毛、十全十美。

· 朋友生日時，你會對他說哪些祝福的話？

```
┌─────────────────────────────────────────┐
│                                         │
│                                         │
│                                         │
│                                         │
│                                         │
│                                         │
│                                         │
└─────────────────────────────────────────┘
```

參考答案：生日快樂、萬事如意、美夢成真、福如東海、壽比南山。

流暢（Fluency）

- 請想出一個只需要用一個方法就能解決的困難，或許是一個破損的東西，但卻無法再拼湊完成，或是一個不聽你解釋的朋友。

- 請畫出一系列的卡通，內容是假如你遇到一個難題，而試著用很多不同的解決辦法，結果如何？

- 嘗試幾個數學流暢性的練習，在三分鐘內，請列出答案為 12 的算式，愈多愈好。

  為使題目更具挑戰性，請試以不同的方式用三個以上的數字組成答案為 12 的算式。

  ① 12 ＝

  ② 12 ＝

  ③ 12 ＝

  ④ 12 ＝

  ⑤ 12 ＝

流暢（Fluency）

- 組成 1 的方法有千百種，請想想超過三個數字而能構成 1 的方法，
  寫愈多愈好。

  例如：$12 \div 6 - 1 = 1$、$7 + 3 - 14 + 5 = 1$、$0 + 0 + 8 \div 8 = 1$

- 「雲」、「林」、「臨」都是押「ㄣ」韻，請寫出和「ㄣ」同韻的
  字，愈多愈好。

  例如：蘋、頻、秦、銀、群。

- 日常生活中有許多物品具有輪子，請想出具有輪子的所有物品，不
  管輪子多大多小，都包括在內，例如：車子、泡茶桌、菜籃、輪
  椅。

流暢（Fluency）

· 假如今天是十三號又是星期五，請列出你所想到的所有迷信，愈多
愈好。

· 你能不能也試試看想出一些屬於你自己的迷信？

流暢練習 1

· 有哪些形容詞，可以用來形容「老師」？

· 報紙除了傳遞消息，還可以用來做什麼？

· 圓的世界：請寫出或畫出圓形所構成的物品。

流暢練習 2

・ 方向盤可以聯想到什麼？

・音樂和老師有什麼相似的地方？

・有人對我生氣怒吼時，我該怎麼辦？

流暢練習 3

請用七巧板排列出各種圖形，再用筆畫出來（七巧板請另行準備，如附圖）。

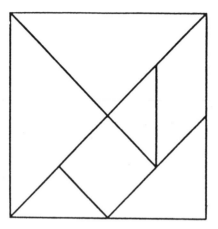

參考答案：

流暢練習 4

七巧板是由七個簡單的圖形板所組成，可是總共只有三種形狀，分別是三角形、正方形和平行四邊形。我們可以用這些組件來排圖形，將這七件分解的小片組件組合成唯一的正方形圖案，是訓練「聚斂性思考」；但如由這固定的七片組件來排出成千成萬的圖形，則是在訓練「擴散性或開放式的思考」。試著用七巧板看看能排出多少不同的「人」形或「動物」形狀。

參考答案：

流暢練習 5

・請寫出和十二生肖有關的成語，愈多愈好。

・看到「生命」兩個字，你會聯想到什麼？

流暢練習 6

・請看看下面這幅漫畫，你會想到什麼？

請儘量發揮想像力，把想到的事物寫在下面：

流暢練習 7

• 你嘗過在高速公路上塞車的滋味嗎？想想看，如果塞車的時候，漫長的等待讓你感到很無聊，這時你可以做些什麼事來打發時間呢？

• 在我們的生活中，有很多東西是兩個一雙的，例如：拖鞋、筷子等，想想看還有哪些是成雙成對的？（眼、耳、手、足等身體部位，只能算一種）

流暢練習 8

· 請利用阿拉伯數字 0，1，2，3，4，……9 的形狀，造出有趣的東西來。

流暢練習 9

・ 西瓜除了吃以外，還有什麼別的用途？
　請用五分鐘的時間，想想看。任何新奇、滑稽的想法都可以。

流暢練習 10

· 一支舊的牙刷，可以怎樣再利用呢？
 請想想：看你能想出多少種用途？

流暢練習 11

表情的對白

找幾張不同臉部表情的人物圖片，讓自己儘可能說出他們之間的關係。

流暢練習 12

冰箱和貓

請列舉冰箱和貓「相似」的地方，愈多愈好：

1. _____

2. _____

3. _____

4. _____

5. _____

6. _____

7. _____

8. _____

9. _____

10. _____

流暢‧開門

翻開前面頁數，看看所有「流暢性」的同義字，並在心裡想想你曾做過的有關「流暢」的活動。利用這一頁，請設計一些能激發流暢的活動。

生活中的流暢力

1.自我腦力激盪

· 給自己一個開放性問題，例如：「有哪些東西可以拿來『裝水』？」

_____

· 說出或寫出五十個至一百個不同的答案。

_____

2.觀察的聯想

· 看到任何一件事物，例如：繩子。

_____

· 聯想它的用途、圖案、好玩的遊戲。

_____

3.上網搜尋

· 以任何事物或語詞搜尋，例如：「愛」的成語。

_____

· 上網搜尋某個作者大量的作品。

_____

流暢的創造思考教學活動設計

設 計 者：錢秀梅
指導教授：陳龍安
單元名稱：流暢
思考技巧：腦力激盪、聯想
活動目標：1. 訓練思路敏捷、流暢。
　　　　　2. 面對問題時，能想出多樣的解決方案。
　　　　　3. 能與夥伴共同討論，並合作製成實用物品，至少三件。
準備教具：回收的資源、剪刀、膠水、彩色筆等文具、美勞用品（教
　　　　　師與學生各自蒐集）
活動構想：流暢力訓練重點在「愈多愈好」，因此以聯想與團隊的腦
　　　　　力激盪為主。希望學生能透過夥伴合作，想出更多好點
　　　　　子，利用回收的資源，完成製作實用物品的任務。

活動內容：

1. 暖身
   - 如果有一天早上醒來，發現你多長出了一隻手，可能會有什麼結果？

2. 不平凡的用途
   - 杯子除了喝水以外，還可以做什麼用？

3. 化腐朽為神奇
   - 先將學生分組，請各組展示成員帶來的資源。
   - 分組討論如何利用這些物品，製作成好看又好用的物品。
   - 老師引導學生，想一想可以拆解、重疊、組合、堆高……，不要受限於任何方法來利用這些資源。
   - 一段時間以後，老師可以請學生提出困難，尋求解決。
   - 製作完成後，展示、欣賞並分享心得。

4. 回饋
   - 各組選一件他組的作品，並報告為何最喜歡這件作品。
   - 鼓勵提出更多的優點。
   - 有興趣者可回家與家人共同製作，並帶來學校與同學分享。

・請記錄這一週來，有關「流暢」的一些事例……

星期日

_____

星期一

_____

星期二

_____

星期三

_____

星期四

_____

星期五

_____

星期六

_____

_____ 年 _____ 月 _____ 日至 _____ 年 _____ 月 _____ 日

創意的第3把
金鑰匙

變　通

(*Flexibility*)

是一種改變的力量
面對困境勇於改變，具有窮則變、觸類旁通的能力

變通（Flexibility）

變通是……

類別	• 窮則變，變則通
	• 變化多端
繞道	• 花樣百出
	• 觸類旁通
適應	• 舉一反三
	• 因時因地制宜
選擇	• 隨機應變
	• 山窮水盡疑無路
	柳暗花明又一村
不同的	• 山不轉，路轉
	路不轉，人轉
變化	• 求新求變
	• 五花八門
	• 處變不驚

變通（Flexibility）

變通是一種改變的力量，是指用彈性的思考適應各種狀況。我們常以「窮則變，變則通」、「觸類旁通」來形容一個人的變通力。在《易經》裡，「窮則變，變則通，通則久」；變通也是不按排理出牌，不拘泥現狀，靈活運用現有的資源，扭轉局勢能突破固有的框限，從不同角度思考尋找另外可行的方法，化危機為轉機，有彈性不固執。

一、變通力的特質

1.彈性思考：觸類旁通，舉一反三；不執著於某一觀點，凡事具彈性，變通力愈強。
2.轉換性：能轉換固定的思考邏輯，改變問題本身思考及發展的方式、順序及方向。轉換傳統固定的思考，以達到創新之目的。變通是有根據、有目標的改變。
3.具有改變的勇氣：沒有獲得有利因素，致使設定之目標在無法達成的情況下，嘗試不以反射想法做解決手段，並在不影響關鍵要素中找尋替代方案。

二、變通力的策略

1.類別法：能從一件事務想出各種不同的類別。
2.替代法：沒有這件事務時，則可以用何種替代方式。
3.檢核表法：是在考慮某一個問題時，先製成一覽表，對每項檢核方向逐一進行檢查，以避免有所遺漏。「奔馳法」（SCAMPER）的檢核表法，在產品改良中常被應用，這種檢核表主要藉幾個字的代號或縮寫，代表 7 種改進或改變的方向，「替代、合併、調整、修

改、其它用途、消除、重排」，幫助推敲出新的構想。

三、變通力的訓練活動

變通可以透過各種不同的訓練加以提升，例如：

1. 每日大笑三次，保持愉快心情，才不易遇困境鑽牛角尖。
2. 建立積極的人生觀，多從事富冒險性及挑戰性的事物。
3. 學習開發自我潛能。
4. 學習放鬆心情及身體，保持樂觀的心境——「船到橋頭自然直」、「泰山崩，面不改色」的從容，才能轉換思考角度，找到可行的答案。
5. 將過去經驗、知識加以整理、重新組合，從失敗中學習及自我改善。
6. 轉換平日思考方式：往相反方向思考，改變問題（逆向思考）。
7. 勇於嘗試變通後所帶來的失敗可能性。不論變通後的結果如何，除非能立即加以修改調整，否則就應開懷擁抱「不通」的結果。有效的變通應是大膽的嘗試，有根據的觸類旁通，然後自由自在的享受一連串的新鮮、驚奇感。
8. 佛家所說的「無常」。當你體悟此種常情之後，就不會在挫敗上執著而自暴自棄，反而應該勇敢面對。

變通（Flexibility）

變通的思考意味著你能發現方法來改變觀念、事物與習慣；在思考的方向上，你有能力變更速度或方向，改道而行。

◎變通的關鍵字是「適應」◎

下面的一些事例，代表具有變通力：

1. 當自己最喜歡吃的草莓醬用完時，能用葡萄醬替代。
2. 安全帽除了戴在頭上外，還有許多其他的用途。
3. 在路上高跟鞋鞋跟斷了，把另一隻鞋跟也折斷。
4. 切蛋糕時才發現忘了拿刀子，於是用筷子切。
5. 把放茶包的盒子改成可放餐巾紙的盒子。
6. 在野外沒有野炊用具時，可以利用水果，挖去果肉，用外殼當鍋子；煮出來的東西，具有水果香，很好吃。
7. 下雨了沒帶傘→拿報紙或書遮雨。
8. 再生紙的製造→可減少資源浪費。
9. 用包裝紙盒套上塑膠袋，就成了垃圾筒。

練習：

請將各種能表現你變通力的方法列出來：

1. _____

2. _____

3. _____

4. _____

5. _____

變通（Flexibility）

變通就是……

變通是什麼？試著把你的想法寫下來。

變通是：

  1.遇事能找替代品處理。
  2.走在迷宮中，此路不通，換條路。
  3.碰到塞車時乾脆下車走路吧！
  4.絕地逢生。
  5.比孫悟空的七十二變還厲害。
  6.切莫自我冥頑不靈。
  7.能接納許多不同的聲音與不同的見解。
  8.絕流能逢生，急中能生智的能力。
  9.這條路不通換一條路走，在現有的模式下嘗試新方法。
10.條條大路通羅馬，此處不留人，自有留人處。
11.要預設答案，不要期待完美。
12.百事可樂，萬事如意。
13.山不轉路轉，路不轉人轉。
14.「我變，我變，我變變變」。
15.「腦筋急轉彎」。
16.「九轉十八拐」。
17.想出不同方法記住書本上的解釋。

變通是：

變通（Flexibility）

・ 你和朋友出遊，他的鞋帶斷了，你能想出多少不同的方法來解決這個問題，讓他驚喜呢？

變通（Flexibility）

- 球隊預定下午舉行棒球比賽。當兩隊準時到達時，暴風雨卻來臨了。球員們決定在學校的自助餐廳裡等待雨停。當他們在等待時，可以做一些什麼活動使原來的競爭精神持續呢？你能想出一些室內的比賽嗎？

變通（Flexibility）

- 假設曾經有過一天，什麼事都覺得不如意，想想看，最壞的消息可能是什麼？究竟是什麼事出了差錯？用你的變通性來引導出較好的結果。

試試看改變你經驗中好的與壞的消息。

壞的消息 _____

好的消息 _____

- 有人說，沒有痛苦，就不會成長；意思就是說，除非迫切需要，否則你不會去學習。相同的，如果你老是一成不變的處理事情，將不可能有所變通。

請列出日常例行公事的步驟，再列出改變過的步驟，這將訓練你的變通性。

例行的事：

步驟 1 _____

步驟 2 _____

步驟 3 _____

變通的事：

步驟 1 _____

步驟 2 _____

步驟 3 _____

變通（Flexibility）

· 若有一群喜歡啃食的外星生物，將要吃掉全世界的電源，那麼屆時地球將是一片黑暗，所有的電器均無法運作，生活將完全改變。請列出替代的方法或解決之道。

1. _____
2. _____
3. _____
4. _____
5. _____
6. _____
7. _____

變通練習 1

· 春節前夕，爸爸帶你到火車站，準備坐火車回爺爺家過年，由於返鄉旅客眾多，你竟然和爸爸走散了，而你身上只有十塊錢，不夠自己買票回家。這時，你該怎麼辦？

參考答案：1.到服務臺請工作人員幫你廣播，找尋爸爸。
2.打電話回家求救。
3.用手機連絡（或借別人手機）。
4.找警察伯伯解決。

· 繩子除了用來綁東西，還能做什麼用途？

參考答案：跳繩、盪鞦韆、當曬衣繩、當泰山用的樹藤。

變通練習 **2**

· 媽媽不在家，肚子很餓怎麼辦？

參考答案：自己煮泡麵、用微波爐熱冰箱中的食物、到外面覓食。

變通練習 3

・放學回家時，忽然下起大雨，你要如何回到家中，卻能不被淋濕？

參考答案：1.打電話請媽媽來接我。

　　　　　2.搭同學爸爸的便車。

　　　　　3.拿垃圾袋當雨衣。

・空保特瓶可以如何運用？

參考答案：做筆筒、放鞭炮、回收、做測量容量的工具、做成勞作（如小馬、城堡等）。

變通練習 4

- 午餐時間到了，當大家要開動時，才發現自己忘了帶筷子，心想：
「該如何是好？」突然靈機一動：「有了！」你想到了什麼好方法？

參考答案：1.用免洗筷吃。

2.等同學吃完，再向他借筷子。

3.跑到雜貨店或便利商店買一雙筷子。

4.把手洗乾淨後，用手抓來吃。

5.拿兩支吸管當筷子。

6.用厚紙板當湯匙。

7.先吃完雞腿，用骨頭當筷子扒來吃。

變通練習 5

- 上數學課時，老師說要做統計表，先要用尺畫表格，當你找不到尺時，會用什麼來替代？

參考答案：書本、皮帶、筷子、刀片、橡皮擦、鉛筆盒。

- 請述說一則異想天開的故事，內容如下：

土地公公和土地婆婆心地很好，喜歡幫人解決問題。有一天，漁夫請土地公保佑要出大太陽，好讓漁夫能曬魚乾；又來了一位農夫，跪著求土地公，保佑快下雨，好灌溉稻田；不久果農又求土地公保佑不要刮風，果子成熟了，才不會吹落滿地；一位船夫希望土地公保佑飄送微風，才不會那麼辛苦划船！土地公公很煩惱，要怎樣讓四人都能如願，土地公公想了很久也想不出法子，便跑去問土地婆婆。

1. 請設想自己是土地婆婆，須想出辦法來幫助土地公公解決難題。辦法愈多愈好，愈神奇愈好！

2. 請每位人上台發表自己的想法，最後由大家票選「最具創意者」，頒予「土地婆婆」獎狀及獎品一份。

變通練習 6

・你能在紙上利用「一筆畫」技巧，畫出下面的圖形嗎？
　請試試看。
　你如何做到的？

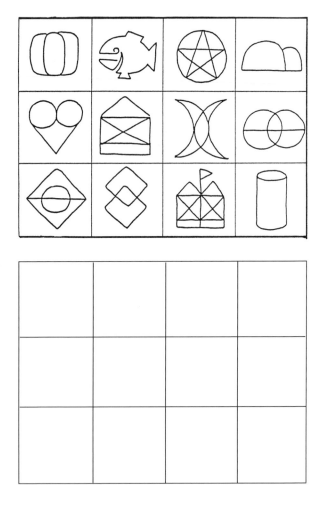

變通練習 7

· 當你在做木工時，找不到鐵鎚，你會用什麼來替代？

· 週六下午，你和朋友約好在某地見面，當你提早十分鐘到達，但又獲知必須先去處理另一件事情時，此時你發現手機忘了帶，身上也沒帶筆，只有一張紙，你將如何通知你的朋友？

變通練習 8

· 今天有體育課，但是天公不作美，外面下著大雨，大家都不能到操場去打球或運動。這時你有什麼好點子？可以讓大家不用在教室發呆或改上別的課，而能一樣快快樂樂的上體育課。

變通練習 9

· 上完廁所，褲子的拉鍊卡住了，你會怎麼辦？

· 上台演講，忘了演講詞時，有什麼方法可以讓你繼續講完。

· 洗澡洗到一半，全身都是泡沫時，突然沒水了，你該怎麼辦？

變通練習 10

· 如果你要記電話號碼，卻發現忘了帶手機，又沒紙，你會記在哪裡？

· 在野外上廁所，卻沒帶衛生紙，你該怎麼辦？

· 要下公車時才發現身上沒帶錢，這時你該怎麼辦？

變通練習 11

· 開會時才發現沒有帶會議資料，這時候你該怎麼做，老板才不會生氣？

· 做剪貼時需要用到膠水，但是找不到膠水，可用哪些物品替代？

· 下班回到家門口，發現沒帶鑰匙，又沒人在家，你該怎麼辦？

變通‧開門

· 現在你已經了解自己的變通技巧，請設計一個活動讓別人能發揮變通的能力。

變通的創造思考教學活動設計

設 計 者：林秀吟
指導教授：陳龍安
單元名稱：變通
思考技巧：腦力激盪、檢核技巧、聯想法、六六討論法、屬性列舉
活動目標：1.學生能從多項活動中，了解變通的意義、原則和重要性。
　　　　　2.學生能應用變通能力、多向思考、隨機應變，來解決生活難題。
準備教具：三公尺的地毯（或報紙、布）、蘋果、鉛筆、作業單、色筆、尺、樹葉、紙片、墊板……獎品或獎卡。
活動構想：適當的情境設計和問題提出，可以誘發學生的變通思考；使學生發現新方法來改變舊有的或不理想的觀念與事物，並具備應變能力，以克服生活難題。

活動內容：

活動一：蘋果的誘惑
- 設計情境：老師在一塊三公尺的地毯（或報紙、布）中央放一個蘋果，請學生用手拿蘋果吃，但要遵守遊戲規則——除了手以外，腳、腿和身體都不可碰到地毯。
- 腦力激盪：讓學生在自由輕鬆的氣氛下，儘可能提出各種不同的方法。
- 檢核評估：學生一一討論各種方法的可行性、有沒有違規和優缺點，必要時讓學生「以身試法」，以助檢核。最後老師歸納說明。
- 大顯身手：讓學生們試試各種確實可行的解決方法。

活動二：窮則變，變則通
- 學生分組討論：如何用「一筆畫」技巧，在紙上完成〇的圖形？
- 每組學生代表說明他們的完成方法，老師最後講評。
- 學生分組競賽：除了用紙墊著可完成〇的圖形外，還可用何物替

　代？
　◎每組輪流派出一人說明並示範（老師或評審學生組評分）。
　◎優勝組予以獎品或獎卡鼓勵。
・學生各自以自己最愛的方法，在作業單上用一筆畫技巧完成○的圖
　形，完成作業單。

活動三：變通大師出場
・學生查閱資料，分組討論，報告「變通」的意義。
・老師歸納說明變通的意義。
・師生共同提出有關變通的關鍵字。

活動四：自我應變
這是學生的作業單習作時間，老師可依學生的年級、特質……，而選
用不同題材的作業單，多方訓練學生應變的能力，以克服生活上的困
擾問題。

活動五：分享與回饋
・請學生報告以變通力解決生活或學習難題的經驗。
・在學生了解變通的意義和自我應變練習之後，請各自設計一張有關
　變通的作業單，老師由此可知學生對變通的學習是不是融會貫通。

・請記錄這一週來，有關「變通」的一些事例……

星期日
_____

星期一
_____

星期二
_____

星期三
_____

星期四
_____

星期五
_____

星期六
_____

_____ 年 _____ 月 _____ 日至 _____ 年 _____ 月 _____ 日

創意的第 4 把
金鑰匙

獨　創

(*Originality*)

是一種創新的力量
不鳴則已，一鳴驚人
獨特新穎，有不平凡想法的能力

獨創（Originality）

獨創是……

不平凡的

聰明的

獨特的

不明顯的

新的

新奇的

特殊

・獨特新穎
・獨具匠心
・一枝獨秀
・鶴立雞群
・與眾不同
・標新立異
・推陳出新
・萬綠叢中一點紅
・異想天開
・突發奇想
・不鳴則已，一鳴驚人
・物以稀為貴
・同中求異

獨創（Originality）

獨創是一種創新的力量，指的是反應的獨特性，有自己想法的不平凡能力，不但新穎還要比以前的更好而有用。

獨創不只是能創造出許多不同的構想就表示具有獨特性，而是必須到目前為止還沒被人想到過的、唯一的、有特色的。獨創也就是獨特、創新，包含了稀少性與遠隔性。獨創是屬於右腦皮層中潛意識的表現，經過創造想像、直覺思維、體覺感受、聽覺感受、視覺感受，而產生超越顛峰的獨創思考能力。

一、獨創力的特質

1. 有接受難題，對問題能有獨特的感受度，能見人所未見。
2. 具有獨特新穎的特質，凡事與眾不同，又有接受失敗的勇氣。
3. 思考靈活，常能化不可能為可能，有獨特的解決問題之本事。
4. 能重新組織，設法達成目標的能力。

二、獨創力的策略

1. 發問技巧：利用問題可以提升孩子的獨創力，例如：你是否可以想一個別人都沒想到的點子，鼓勵其想一個不同凡響的想法。
2. 跨領域的方法：用不同角度或角色觀察生活周遭的事物，嘗試做沒做過的事情、走沒走過的路，並在跨領域的知識中體驗不同的感受。
3. 利用 CREATE 的策略：有獨創力的人常用下列思考方法跳脫既定模式：
   - 連結（Combine）：能否用新的方式把東西連結起來？
   - 顛覆（Reverse）：能否顛覆這裡的某些部分或程序？

- 刪除（Eliminate）：能否刪除或移除某些部分或程序？
- 替代（Alternative）：能否使用替代的方法或素材？
- 改變（Twist）：能否做一點改變？
- 增添（Elaborate）：能否增添細節、加點東西？

三、獨創力的訓練活動

1. 經由創造思考教學腦力激盪，使得創造力得以成長。
2. 創造思考的教學環境要「尊重」、「接納」，使得學生得以在無壓力負擔、無窘迫感的情境下，充分發表自我觀點，並傾聽他人意見，不預設立場，不做批判，進而統整成為新的想法。
3. 發展個別化的思考系統，去除束縛，多角度的想像，並用逆向思考、問體導向來加以學習。
4. 學習去觀察，不否定任何事物的可能性。
5. 廣泛學習，充分掌握流行資訊，慎選新知。

獨創（Originality）

獨創是一種能想出不尋常反應的答案、擁有新穎想法的能力，能做出別人意想不到的事物，或跟別人做同樣的事情，但想法與人不同。

◎獨創的關鍵字是「與眾不同」或「獨特」◎

以下這些情形，可顯示出具有獨創性：

1. 想出的聖誕節穿著與別人不同。
2. 會杜撰一個故事、編一首歌、作一首詩。
3. 會設計一種訓練人發揮獨創力的遊戲。
4. 能創造語言、文字。
5. 能發明新型武器。
6. 把通心麵做成熊寶寶、太空人、英文字母等特殊造型。
7. 把舊型電視機拿來作書櫃或儲藏櫃。
8. 把廣告紙拿來作紙編的裝飾物品。

練習：

請將各種能表現出獨創力的方法列下來：

1. _____

2. _____

3. _____

4. _____

5. _____

獨創（Originality）

獨創就是……

獨創是什麼？試著把你的想法寫下來。

獨創是：

1.只此一家，別無分號，獨樹一格。
2.別人皆醉，我獨醒。
3.靈機一動，我今天穿的衣服和別人都不一樣。
4.就是發明史無前例的東西。
5.唉呀！我怎麼想不到！
6.「獨一無二」。
7.你說：紅配綠，狗臭屁。
  我說：紅配綠，有創意。
8.一枝獨秀，意識流的廣告。
9.我的方法和老師的不一樣。
10.把長褲剪成短褲穿，把小茶壺當花瓶用。
11.只此一家，別無分號。
12.「心中長存的問題在遇到某個新經驗時，一剎那間爆發出的智慧火花」
13.$1 + 1 \neq 2$。
14.想到別人想不到的東西，不按牌理出牌。
15.出其不意。
16.一篇新新聞，讓聽到的人眼睛為之發亮。

獨創是：

獨創（Originality）

· 如果你要為參加「青蛙跳比賽」最後一名和第一名的青蛙設計獎品，你的獎品會是什麼？

· 昨天剩下一些炸薯條，除了吃掉之外，請想想看還有什麼特別的方法可以利用它，讓別人大吃一驚，直呼高明？

獨創（Originality）

· 無論大小的、嚴肅的和有趣的各種比賽，從學豬叫到奧林匹克的游泳，一直都在進行著。

請想出一個具獨創觀念的比賽，將它的吸引人之處加以公布。這個比賽必須具備時、地、規則和獎勵，使人有興趣參加，例如：

比賽名稱：豬的跳遠比賽。

比賽時間：二月五號。

比賽地點：中華體育場。

比賽規則：1.每隻豬跳三次。

2.體重低於三百公斤。

比賽獎品：入選三名，獎金一萬元，飼料五斤。

請把你的想法，寫在後面的「獨創練習6」之欄位中

獨創練習 1

* 在一群陌生人的面前，你會如何介紹自己，使聽眾印象深刻，想忘都忘不了？例如：「你們好！我媽媽的名字是黃千芬，我爸爸的名字是李連杰，我是他們的寶貝，我的名字叫做李黃寶！」

* 森林中的小鳥們正在舉行一年一度的歌唱大賽。請你動動腦想一想，為勇奪冠軍的小鳥和慘敗成為最後一名的小鳥設計一份獎品，請你多多思考，為這群辛苦練唱的小鳥加油吧！例如：「冠軍：鳥食 50 罐、獎狀一張、鳥屋一棟；最後一名：歌唱訓練班的禮券、鼓勵獎狀一張」。

獨創練習 2

- 大家都聽過阿拉丁神燈的故事，如果現在你是這本書的作者，要改編阿拉丁神燈的故事，請想想看，若不用神燈，那麼可以用什麼東西來替代阿拉丁的窩，例如：電視、電腦、手機、伴唱機、戒指、項鍊等。

- 上課時，每當學生們很吵鬧，老師除了很生氣的告誡之外，還會處罰學生。若現在你是一個班級的老師，除了用以上兩種方法，你還有什麼好方法來管理學生的秩序，例如：不乖的同學到校長室跟校長懺悔，或頒發榮譽積分。

獨創練習 3

· 你認為目前還需要什麼樣的機器來改善生活品質？請寫出機器名
 稱，並說明它的功能，例如：自動早餐機，可依個人需要自動做出
 各種早餐；魔毯，可到各地去而不怕塞車；自動除垃圾機，可以使
 垃圾消失。

· 學校舉辦園遊會時，你會賣什麼東西？你會如何設計你的販賣亭，
 促使遊客注意而樂意購買？

獨創練習 4

· 你的好朋友即將過生日，你準備送什麼禮物，使他驚訝不已？

獨創練習 5

- 聖誕節的化妝舞會，你將如何妝扮自己，使別人認不出是你，且直呼高明？

獨創練習 6

‧請想出一個十分獨特的比賽遊戲。

這個比賽必須具備比賽名稱、比賽時間、比賽地點、比賽規則、比賽獎品，使人人有興趣參加。

比賽名稱：＿＿＿＿＿＿＿＿＿＿＿＿＿＿＿＿＿＿＿＿＿

比賽時間：＿＿＿＿＿＿＿＿＿＿＿＿＿＿＿＿＿＿＿＿＿

比賽地點：＿＿＿＿＿＿＿＿＿＿＿＿＿＿＿＿＿＿＿＿＿

比賽規則：＿＿＿＿＿＿＿＿＿＿＿＿＿＿＿＿＿＿＿＿＿

＿＿＿＿＿＿＿＿＿＿＿＿＿＿＿＿＿＿＿＿＿

＿＿＿＿＿＿＿＿＿＿＿＿＿＿＿＿＿＿＿＿＿

比賽獎品：＿＿＿＿＿＿＿＿＿＿＿＿＿＿＿＿＿＿＿＿＿

＿＿＿＿＿＿＿＿＿＿＿＿＿＿＿＿＿＿＿＿＿

＿＿＿＿＿＿＿＿＿＿＿＿＿＿＿＿＿

獨創練習 7

‧你能利用資源回收物做出一些裝飾品嗎？請畫出來並加以說明。

獨創練習 8

· 在你出生時，你的父母沒徵得你的同意，便替你取好了名字。
  假如現在給你自主權，你想替自己取什麼樣的名字？為什麼？

獨創・開門

- 有一些人在與他人分享個人的獨特觀念之前，需要許許多多的鼓勵。既然你熟諳這方面的技巧，請提供一些鼓勵的話。

獨創的創造思考教學活動設計

設 計 者：邱淑華
指導教授：陳龍安
單元名稱：獨創
思考技巧：屬性列舉、腦力激盪、六六討論法、檢核技巧、視像法、
　　　　　重組法、比擬法、歸因法
活動目標：1.讓兒童從活動中，分析、歸納並了解獨創的意義。
　　　　　2.透過各種活動，引導兒童思考的獨特新穎、匠心獨具。
準備教具：作業單、色筆、尺、紙、音樂CD、日常用品、奇特禮物、
　　　　　CD 播放機
活動構想：現今的班級教學，強調整齊畫一，鮮少讓兒童創新表現；
　　　　　尤其是標新立異的觀念，更是被禁止的。本活動設計希望
　　　　　由教師本身先開放自己，再引導兒童發揮獨創力，培養創
　　　　　作發明的能力。

|活動內容|：
活動一：獨步舞林
‧請教師用獨創的舞步，繞教室一圈（播放歌曲）。
‧別人跳過的舞步，不能再跳。
‧全班同學按順序舞一回，同時間只准一人跳舞。
‧票選「獨步舞林獎」一人。
‧每個人以最特殊的方式上前祝賀。

活動二：誰來作怪
‧請同學逐一上台，表演一個自認最奇特的鬼臉。
‧台下觀眾哈哈大笑之餘，別忘了給個獨特的喝采聲。
‧票選「最醜鬼臉獎」。
‧請接受頒獎（奇特獎品乙份），並發表得獎感言。

活動三：新產品發表會
- 請隨意舉出三種日常用品。
- 列出這些東西的所有特徵。
- 每樣東西各選一項特性。
- 根據這三樣特性，組合成一個有趣的玩具或用品。
- 請上台發表你的新產品（包括材質、優點、用法、預定價格等）。
- 請畫出新產品的設計圖。

活動四：推陳出新
- 請提出學用品五種（如紙、記事簿、原子筆、書包、橡皮擦等），再逐一說出各種用品的不尋常用途。

活動五：理想國
相傳在臺灣中南部的深山裡，目前還存活著一群矮黑人，從來沒有人知曉他們的生活方式。你能為這個族群命名，並制訂生活規章嗎？使這個族群逐漸茁壯，建立一個人人羨慕的理想國。

活動六：分享與回饋～人人有一套
- 請分析歸納上述的活動，並提出「獨創」的意義和關鍵字。
- 請秀一段你的特殊才藝（蒐集品或新鮮點子亦可）。
- 見賢思齊，見不賢而內自省；請繼續培養你的獨特氣質，發展個人魅力。

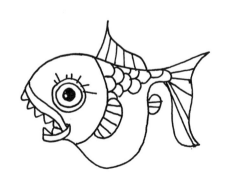

• 請記錄這一週來，有關「獨創」的一些事例……

星期日

_____

星期一

_____

星期二

_____

星期三

_____

星期四

_____

星期五

_____

星期六

_____

_____ 年 _____ 月 _____ 日至 _____ 年 _____ 月 ____ 日

創意的第5把
金鑰匙

精　密

(*Elaboration*)

是一種精進的力量
精益求精，藉著修飾的本領，將事物引申或擴大的能力

精密（Elaboration）

精密是……

裝飾
引申
增加
擴大
建造
充實
點綴
添加
美化、修飾
重塑、整合

- 盈千累萬
- 巧奪天工
- 星羅棋布
- 細膩描繪
- 周密詳盡
- 成千成萬
- 慎思熟慮
- 十全十美
- 深謀遠慮
- 精益求精
- 再接再厲
- 欲窮千里目
  更上一層樓
- 精雕細琢
- 計畫周詳
- 錦上添花

精密（Elaboration）

精密是一種精進的力量，也是一種慎思熟慮、計畫周詳的能力。能修飾、擴展、引申及注意細節的能力，也是一種「精益求精」的能力。培養孩子精進的思考、美上加美，在原來的觀念上再添加新觀念，也就是能藉著修飾的本領，花心思去將事物引申或擴大的能力。

一、精密力的特質

1.面面俱到：精密的組織，是指組織創意、精簡內容、計畫周詳的能力。它使我們的創造力更詳盡，而且面面俱到。
2.可行性和周全性：精密的創造力要點，是指一個獨特見解又有創意的點子，能顧及其可行性和周全性，精確而且縝密，便是兼顧現實功能，又獨具創新的好方法。
3.精益求精：此一特質，使創造力臻於完美，並且提高了CQ的價值。此外，精密也是進步的動力，在精益求精的過程裡，不斷的思考及評估，無形中會增進流暢與變通的能力，包括精密本身的程度。

二、精密力的策略

1.檢核法：列出事務的所有特徵或條件，逐一核對有缺少者及時補正。
2.比較法：將成品與標準化的產品加以比較，發現缺漏即刻彌補。
3.添加法：對產品提出還可以增加些什麼？列出適當的想法再行添加。
4.美化法：將產品加以美化，使其更精緻且更具可看性。

三、精密力的訓練活動

1. 思考一件事，須求面面俱到。需考慮在不同的環境中，事物可能呈現的不同面貌。

2. 對事情的了解須透徹，不可一知半解。經徹底明白後，才可以做出正確的判斷。對於複雜的問題，應透過分析、求證、歸納等程序，進行仔細討論，以求得確實的答案。

3. 為使事情達到盡善盡美的境地，在進行的過程中，可經由不斷的修正、調整及重新安排，讓最後成果呈現最佳狀態。

4. 常針對問題進行檢討，經由 WHY、WHAT、WHO、WHEN、WHERE、HOW 等層面，按照問題性質的不同，用各種不同的技術來檢討。

5. 訓練擴散性思考的能力，將思考範圍放大，才不致使思想狹隘。

6. 唯有靈活的運用頭腦，才能達成精密思考的能力。

7. 培養敏銳度、審慎的思考模式。注意問題的細微之處，務求確實。

精密（Elaboration）

精密就是在原來的觀念上再添加新觀念，能藉著修飾的本領，花心思去將事物引申或擴大。

◎精密的關鍵字就是「添加」◎

當你從事下列各項事情時，就是在運用精密力：

1. 使用圖解的方式去發表你所寫的報告或故事。
2. 在自己建造的模型上粉刷。
3. 讀書報告時，製作 PPT 和影片同時播放，使它的效果更好。
4. 在導航器上增加地圖的細節，使它看起來更為詳盡。
5. 利用手勢與面部表情來強調你所說的話。
6. 農作物的不斷改良。
7. iPhone 的發明。
8. 田徑場上的記錄突破者。
9. 把字加上陰影，使它看起來有立體感。
10. 零食的包裝加上拉鍊袋，外出攜帶與保存都方便。
11. 枱燈座下盤加上便條紙盒、筆座等配件，可減少空間。

練習：

請將各種能表現出精密力的方法列下來：

1. _____

2. _____

3. _____

4. _____

5. _____

精密（Elaboration）

精密就是……

精密是什麼？試著把你的想法寫下來。

精密是：

1.「完整無缺」，就像雕刻師創作一樣。
2.掃地掃牆角，洗臉洗耳朵，所有小細節都注意到。
3.深思熟慮、精益求精的能力。
4.從不忘掉每一個小東西在櫥櫃中的固定位置。
5.「慈母手中線，臨行密密縫」。
6.絲毫不差，拿捏得恰到好處。
7.「錦上添花」。
8.滴水不漏。
9.雞蛋裡挑骨頭。
10.法網恢恢，疏而不漏。
11.處事圓融，人情練達，處處洞察皆學問。
12.白日依山盡，黃河入海流，欲窮千里目，更上一層樓。
13.美上加美，天衣無縫。
14.媽媽的心，想得入微、照顧入微。

精密是：

精密（Elaboration）

- 你是否曾覺得有人「偷」了你的想法？或是他們說得比你更有創造力？曾感覺有人說出你想說的意見嗎？寫出你最先的想法及別人對它的看法。

  你最先的想法 _____

  別人的想法 _____

- 你想修正你的想法嗎？你能使用自己的精密力去修改它嗎？
  你能否利用精密力去修改你日常生活中的事物，例如：「牙刷……」等。

- 中國文學名著，例如：《水滸傳》、《紅樓夢》等小說，對人物的刻畫描寫，都是表現精密力的好例子。請選一些原本平凡無奇的人，運用你的精密力，使他們成為冒險故事中的主角。

精密（Elaboration）

· 請試著用氣象報告的一些天氣變化，加以引申，創造出一個好笑的
  劇本。

┌─────────────────────────────────────┐
│   │
│   │
│   │
│   │
│   │
│   │
│   │
└─────────────────────────────────────┘

· 請試著用你的話改編下列新聞：
  【中央社利馬五日專電】秘俄文化協會、秘魯財政經濟部、美國故
  總統甘迺迪的一座雕像，以及兩處大使館，昨晚遭炸彈攻擊，相信
  這是毛派恐怖組織「光明之路」所為。上述攻擊事件只引起財物損
  失，但是，昨天早晨，恐怖分子暗殺了利馬南鄰宛卡約省的美洲人
  民革命聯盟領袖，並使秘魯西南普諾的美洲人民革命聯盟總支部秘
  書長受重傷。

┌─────────────────────────────────────┐
│   │
│   │
│   │
│   │
│   │
│   │
│   │
└─────────────────────────────────────┘

精密練習 1

- 美術課的題目是「甜蜜的家庭」，請拿出你的筆，把下圖這個家好好修飾一番，使它看起來甜蜜又溫馨。

- 上國語課時，老師常會讓我們練習造句，其中有一種稱為「短句伸長」，例如：一匹小馬。

  1. 一匹健壯的小馬。

  2. 草原上有一匹健壯的小馬，正在快樂地奔跑。

  3. 草原上有一匹健壯的小馬，正在快樂地奔跑，希望每一個人都能欣賞牠的英姿。

  請你也寫一句：

  _____

- 你覺得要如何改進我們的辦公設備，才可以使我們有更舒適的工作環境？

參考答案：1.有烤麵包機和咖啡機。

2.有便當傳送機，可以直接把午餐傳到辦公室。

3.有機器人，可以在有困難時立刻給予支援。

精密練習 2

· 書包是每位學生每天上學的必備之物，請想一想，要怎麼樣改良書包，使它更方便、更適用。請將構想畫在下面。

┌─────────────────────────────────┐
│   │
│   │
│   │
│   │
│   │
│   │
└─────────────────────────────────┘

参考答案：1. 可以依放入書本的多少而變大或變小。

2. 將書包加上輪子，放在地上拖著走，就不會背得那麼辛苦。

3. 在書包上裝設音響，一邊走、一邊聽音樂。

4. 以手提筆電代替。

5. 將教材輸入 iPad，一機在手，方便有趣。

精密練習 3

· 請把下面這個不怎麼好看的筆筒，裝飾得人見人愛。

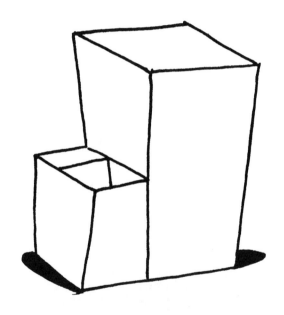

精密練習 4

- 請幫媽媽好好裝飾這棵聖誕樹，以便和家人一起歡度聖誕節。

精密練習 5

· 請設計一款多功能的手機。

精密練習 6

．請利用下面這段新聞報導，編寫一個故事。

【中央社專電】1992 年 10 月 12 日，美國紀念哥倫布發現新大陸五百
週年的時候，美國「航空太空總署」將開始搜索外星文明，尋找外星
人的行動就此展開。本計畫將歷時三十年，費用五億美元。

參考答案一：太空之旅

美國正要紀念哥倫布發現新大陸五百週年，美國「航空太空總署」要
開始去找外星人了。他們買了所有要用的東西後，就開始了「太空之
旅」。

太空船飛到一個「格拇拉」的星球，星球上住著「格拇拉」人。他們
很友善，送太空人很多禮物，太空人也邀請「格拇拉」人到地球上來
玩，他們很開心的答應了，並有了一趟快樂的地球之旅。

參考答案二：萬能機

【中央社專電】1992 年 10 月 12 日，美國紀念哥倫布發現新大陸五百週年時，美國太空總署發明了「萬能機」，於是太空總署精挑細選，選出了十位太空人乘著萬能機登入別的星球。他們航行了一年，發現了一個神秘的星球，星球的形狀竟然是三角形的，當大家登入星球時，嚇了一大跳，因為星球上的所有東西都是三角形，一問之下，才知道這裡叫三角星。三角星上的三角人都以為他們是壞人，拿出三角刀要把太空人趕走，太空人不懂這裡的語言，所以不能和三角星上的人講話，只好失望的離開，但是，他們總有一天，會再度登上三角星。

參考答案三：銘傳號

哥倫布發現新大陸五百年後，美國建造了「銘傳號」，經過一再的改進，終於在 1999 年 10 月 12 日，開始了它的冒險生涯。

首先，它飛到了「冥王星」，很不適應，因此改到「天王星」，沒想到這裡的外星人呆呆的，他們也因水土不服而離開。後來，他們又乘著「銘傳號」前往金星，原以為那裡遍地是「金子」，沒想到和「冥王星」一樣坑坑洞洞的，所以他們也失望的離開「金星」；後來他們前往「火星」、「木星」等，都發現比不上地球，終於他們回到地球，而「銘傳號」也陳列在博物館，給人們參觀。他們告訴地球上的人們，地球是最美麗的，我們要好好珍惜、愛護地球。

精密・開門

・你是否能利用精密力去修改日常生活中的用品？例如：書桌。

精密的創造思考教學活動設計

設 計 者：邱淑華
指導教授：陳龍安
單元名稱：精密
思考技巧：視像法、組合法、屬性列舉法、歸納法、創造性寫作技術、六 W 檢討法
活動目標：1.訓練兒童從各個不同角度看事物，養成周密的做事方法。
　　　　　2.透過各種遊戲，增進兒童的精密力。
準備教具：色筆、碼錶、磁鐵、四開書面紙
活動構想：由一筆畫的圖畫接力展開暖身活動，讓兒童了解添加的效果；再從屬性列舉法、六W檢討法、創造性寫作技術……等，來訓練兒童的精密力。

活動內容：

活動一：薪火相傳

· 每組六人，每人一張書面紙、一枝色筆。
· 請畫出心中所想的任何事物，但只能畫一筆（線條不能間斷）。
· 畫完一筆之後，傳給右邊的同學（一筆畫的時間最長二十秒）。
· 每個人都輪過以後，把畫傳給畫第一筆的人。
· 請說出你畫第一筆時的構想和最後結果的異同。

活動二：超級張力膠

· 把每個人添加完成的一筆畫收齊。
· 隨意抽出其中的四幅展示在黑板上。
· 請先就黑板上的四幅圖，訂一個創意的主題，再加以組織串連，說一個精采的故事（圖畫順序不限定）。

活動三：添加裝飾、精益求精

・你能添加裝飾，美化你身邊的物品嗎？

　◎請美化你書桌上的筆筒。

　◎請幫媽媽裝飾聖誕樹。

・你能發揮創意，使我們的課桌椅更實用、更理想嗎？

　◎目前我們使用的課桌椅，有什麼特性？

　　※名詞特性（特質、材料、製法等），例如：玻璃、不鏽鋼等。

　　※形容詞特性（形狀、顏色等），例如：不碎的、光滑的等。

　　※動詞特性（技能、相關動作等），例如：可折疊、可放大縮小
　　　等。

　◎請檢討每一個特性，並找出可以改良之處。

　◎你認為如何改進，才能使課桌椅更為理想？

活動四：深謀遠慮、周密詳盡

「尋找外星人」是美國「航空太空總署」推出的新計畫。請你利用前
述中央社的專電，編寫一個故事。

・你可以把中央社的報導短文，添加新情節，或充實星球資訊……，
　使文章更新奇有看頭。

・不管文章引申得多離奇，或擴大得多長，都必須把中央社的短文內
　容安插進去。

・最後，別忘了訂一個創意標題。

活動五：精雕細琢、步步高昇

・你如何籌畫一個成功的慶生會？

　◎為什麼辦慶生會？（Why）

　◎要辦什麼性質的慶生會？（What）

　◎在哪裡辦？（Where）

◎什麼時候辦？（When）

◎誰來辦？誰是壽星？（Who）

◎要怎麼辦比較理想？（How）

- 你如何安排慶生會的節目內容？
- 你知道有哪些歷史故事或文學作品是表現精密力的好例子？請就故事內容加以說明。
- 請歸納以上的活動，說明「精密」的意義及其關鍵字。

活動六：分享與回饋

- 請說出（或展示）你曾經利用精密力完成的大作。
- 欣賞及學習別人的優點。

．請記錄這一週來，有關「精密」的一些事例……

星期日

_____

星期一

_____

星期二

_____

星期三

_____

星期四

_____

星期五

_____

星期六

_____

_____年_____月_____日至_____年_____月_____日

貳、創意的情意四心

創意的第 6 把金鑰匙：想像（Imagination）

創意的第 7 把金鑰匙：挑戰（Complexity）

創意的第 8 把金鑰匙：好奇（Curiosity）

創意的第 9 把金鑰匙：冒險（Risk Taking）

創意的第6把金鑰匙

想　　像

(*Imagination*)

是一種夢想的翅膀
運用視覺化及心像思考
超越時空，預測未來，具前瞻的能力

想像（Imagination）

想像是……

超越　　　　　　　　　　・望梅止渴
　　　　　　　　　　　　・異想天開

幻想　　　　　　　　　　・天馬行空
　　　　　　　　　　　　・若有所思

擴展　　　　　　　　　　・千思萬想
　　　　　　　　　　　　・不可思議

視覺化　　　　　　　　　・意像聯想
　　　　　　　　　　　　・自由聯想

不可思議的事　　　　　　・海闊天空，任憑翱翔
　　　　　　　　　　　　・日有所思，夜有所夢

夢想　　　　　　　　　　・化不可能為可能

想像（Imagination）

想像是夢想的翅膀。「想像力」是一種超越時空限制而形成意象的心智能力，是創造力的核心應用；想像力就是在激發創造力。

能在腦中構思各種意象，將思考視覺化，並能夠超越感官界限，加以具體化，它使我們能超越現實，進入一個海闊天空、異想天開、無所不能的世界。但想像力若沒有知識做基礎，就像空中樓閣；生活若沒有閱讀，就像大地沒有陽光；知識若沒有想像，就像鳥兒沒有翅膀。

一、想像力的特質

想像力豐富的人足智多謀、多才多藝、童心未泯、有藝術興趣、有發明能力、有美學導向和智慧的審美觀，這種特質具有下列特性：

1. 預測性：也就是即使尚未發生，只根據片段資料所做的預想、猜測，就知道結果可能發生的事，例如：看積雪，就想到雪花飄；看烏雲，就會想到下大雨。

2. 再現性：根據記憶中的事物所生成的想像，例如：唸了一篇故事後，讓孩子回憶故事中的情節，孩子在腦中有一幕幕剛才故事裡的場景。

3. 構造性：從多數不同因素當中，找出合理、有意義的架構或組織，例如：搭積木、堆城堡，先從零散的構想當中架構出心目中的草圖，再慢慢完成理想中的設計。

4. 創造性：發明中常常用到的一種想像法，也就是指無中生有，或者有中生新、推陳出新，做出前所未有的事物，從舊的事物中加以改變，而賦予新的風格，這都是一種想像。

二、想像力的策略

1. 視覺化與心像圖法：閱讀時，如果能在腦中產生一張關於文章內容的圖片，可以促進更有效的理解。這種非語言的組織性工具有如地圖，雖然文字使用量不多，但透過地圖上的地標、顏色和圖示，可以幫助學生組織資訊，進行條理化的學習。

2. 擴散性的問題：所謂擴散性思考，就是沒有固定唯一答案的問題，海闊天空，可以任憑孩子翱翔，促進想像力的有效途徑；問題不僅僅強調唯一的答案，更重要的是能夠容多、納異，也就是能接受孩子各種不同分歧的答案，鼓勵孩子提出各種不同、不平凡或者有創意的答案。

3. 閱讀、編故事：選擇對孩子有啟發性的圖書，親子共讀，由父母親講解，或是利用故事CD，充實孩子的知識領域。孩子睡覺的時候，讓其回憶一下，再聽一遍，使其進入想像力另外一個層次的世界。

4. 蒐集不同材料創造遊戲：在我們生活中，一些不起眼的東西，都可以當作輔導的材料，例如：報紙、雜誌可以用來剪貼，你會發現孩子在想像力世界裡，可以重新組合；包裝紙可以拿來做玩具，包裝袋可以藏玩具讓孩子猜，甚至做分類的練習；空罐子可以做小汽車，可模擬旅行的一些活動；氣球吹飽了氣，在室內竄來竄去，可以讓孩子想像噴射機的原理；舊衣服和床單可供孩子繪圖，這些點點滴滴，你會發現，孩子不僅喜歡，大人也能樂在其中。

5. 大玩偶家家酒：父母親要能夠放下身段和孩子一起玩，孩子的想像世界需要父母引領，需要父母感同身受。

三、想像力的訓練活動

一些非常有創意的親子活動如下，提供參考：

1. 帶孩子去郊外，躺在草地上看飄動的雲，問他在雲中想像到了什麼？如果人能騰雲駕霧，他想到什麼地方？為什麼想去？

2. 有時候不妨想像一下自己是哆啦 A 夢，你會發現孩子和你更貼心了，因為你慢慢走入他內心的世界，想像孩子內心的想法，孩子也能夠進入我們的世界，讓我們心連心合為一體。

3. 玩察言觀色的遊戲，看孩子在想什麼？你也可以在紙上畫幾筆線條，讓孩子自己再加點線條，再加上不同的顏色，甚至讓他潑墨，自由發揮，把自己想像中的世界描繪出來。

4. 我們也可以自己設定，例如：我們假設要在山中的帳篷裡待一夜，先請第一個人講第一個字，或第一個句子，然後第二個人接著講下去，以此類推完成一篇有趣的故事，盡量讓孩子去想像、去發揮。

5. 讓孩子做默劇的表演，開始訓練時只讓孩子做一些簡單動作，例如：拍球、穿衣服、吃冰淇淋等，讓孩子展現驚奇、快樂的一面，甚至進一步表演一段有情節的默劇，在腦海中自己想像著默劇的世界。

6. 在自己家裡用回收物做成各種不同的玩具，很多孩子會在上面畫圖，做成工藝品，為他們命名，甚至模仿聲音跟動作，或者編一個故事，或者角色扮演，這些都可以激發孩子的想像力。

7. 還可以玩世界知名人物的遊戲，不要告訴別人，讓孩子來扮演這樣的角色，由大家來猜是誰？

8. 還有一種神祕的小天使活動，讓孩子每一天一定要關心一個人，默默的對他做一些事，在想像力的世界裡面，自己是神祕的小天使，必須去照顧每一個人。你會發現，孩子在言談、舉止中，在他學習的過程當中，會處處關懷別人，人際關係也會愈來愈好。

想像（Imagination）

所謂想像力是指：在腦中將各種意象構思出來，並加以具體化。它使我們能超越現實的限制，進入一個無所不能的世界。

◎想像的關鍵字是「視覺化」或「心像化」◎

什麼時候你會運用想像力呢？

1. 將所讀故事中的人物或書中背景畫出來時。
2. 試想你若遲回家吃晚飯，母親會有何反應？
3. 幻想決定多吃一份點心時，後果為何？
4. 作白日夢時。
5. 聽廣播時，能想像廣播員說話時的面部表情。
6. 在做夢或催眠中，我們可以發現許多「奇蹟」和現實中十分不合理的事，但不可否認的，那確實是人類內心無限寬廣的空間。
7. 哆啦 A 夢漫畫的作者即是運用許多想像力，例如：
   - 搭乘時光機去恐龍時代探險。
   - 有任意門可去任何地方。
   - 竹蜻蜓裝在頭上，可到處飛翔。

練習：

請將各種能表現出想像力的方法列下來：

1. _____

2. _____

3. _____

4. _____

5. _____

想像（Imagination）

想像就是……

想像是什麼？試著把你的想法寫下來。

想像是：

  1.超越時空的限制。

  2.童心未泯，返老還童的妙方。

  3.佛教輪迴的說法。

  4.能跳到別人的內心世界。

  5.「如果我能夠……那該有多好！」

  6.上天下地，毫無邊際。

  7.神遊四方，放鬆情緒的方法。

  8.走過從前，立足現在，放眼未來。

  9.瞎子摸象，各有發現。

10.「看山不是山，看雲不是雲。」

11.由「虛幻到真實」的過程。

想像是：

想像（Imagination）

- 設想每個人「從嬰兒到當祖父母」的身材都一樣，在這種想像的情境中，試想有哪些好處？有哪些壞處？

好處：＿＿＿＿＿＿＿＿＿＿＿＿＿＿＿＿＿＿＿＿＿＿＿＿

＿＿＿＿＿＿＿＿＿＿＿＿＿＿＿＿＿＿＿＿＿＿＿＿＿＿

壞處：＿＿＿＿＿＿＿＿＿＿＿＿＿＿＿＿＿＿＿＿＿＿＿＿

＿＿＿＿＿＿＿＿＿＿＿＿＿＿＿＿＿＿＿＿＿＿＿＿＿＿

- 任選一種情境的音樂，聆聽過一段時間後，準備一張大畫紙，用彩色筆描繪出你隨音樂所聯想的情境。

- 想像有一群人站在牆上，你是這群人中的一位：
  為何你站立於此？站了多久？
  其他的人是誰？那時幾點鐘？
  想像在這群人中的每個人的表情，以及他們內心的想法。

想像（Imagination）

· 請運用你大膽的想像力，把一隻五公斤重的大公雞，裝進一個瓶口只有十五公分的大肚瓶裡。記住，公雞是活著進去，活著出來，不會受到一點傷害，瓶子也不能破壞。

提示：雞蛋、創造力、想像力。

「想像力比知識更重要，因為知識是有限的，而想像力是無限的」、「想像力可以化不可能為可能」。

想像練習 1

- 在一個豔陽高照的星期天，陳先生一家人正準備到陽明山郊遊，但是當他們開車開到一半，突然感到有一片烏雲飄到他們車子的上方，仔細一看，那不是烏雲，竟然是一艘太空船，他們嚇得目瞪口呆……。
  請你繼續完成這個故事，使他們有一個驚險又圓滿的結局。

- 請隨意在下列空白處貼三張圖，並運用想像力，根據這三張圖畫，寫出一篇故事來。

圖一	圖二	圖三

想像練習 2

• 想一想，如果有一天爆米花就像雨一樣，不斷的從天下掉下來，將
  會產生什麼後果？

┌───┐
│   │
│   │
│   │
│   │
└───┘

參考答案：大家起初會爭先恐後地搶著吃，但後來因為吃太多而吃怕
         了，漸漸地，世上沒有人吃它，「爆米花」這個名詞就變
         成是一種「自然現象」的名稱（像雨、雪一樣），而非
         「食品」的名稱了。

• 如果有一天，每個人都長了一對翅膀，可以和鳥一樣在空中飛來飛
  去，將會產生什麼後果呢？

┌───┐
│   │
│   │
│   │
│   │
└───┘

參考答案：地面上的生物將很難照到太陽，因為太陽被天上飛來飛去
         的「數億隻」大鳥給遮住了。

• 你若放學太遲回家，母親會有何反應？

┌───┐
│   │
│   │
│   │
│   │
└───┘

參考答案：緊張、擔心、生氣、胡思亂想、報警。

想像練習 3

· 如果你把別人寶貴的東西弄壞了，可能會有什麼後果？

參考答案：他會傷心地哭了、我會被打、賠他一個新的、他也會把我
　　　　　寶貴的東西弄壞。

· 有一個小朋友在發呆，你猜他在想什麼？

參考答案：1.米老鼠會不會拿筷子吃東西。
　　　　　2.爸媽看到他的成績單後會不會把他打扁。

· 請考慮外星人是如何進食、移動、溝通……等問題，畫一張解剖
　圖，並在圖上標示出外星人身體上的特異功能。

檢核表技術

・請列出你夢遊仙境所看到的人、事、物：

1. _____

2. _____

3. _____

4. _____

5. _____

6. _____

7. _____

・請利用下面提示，逐一查核你的想法。你的想法或想像也許會完全不同哦！

1.替代：_____

2.結合：_____

3.調整：_____

4.修改：_____

5.他用：_____

6.取消：_____

7.重組：_____

想像練習 4

· 重新組合的活動：
請把前頁經過檢核完成的紀錄，加以組合串連成一篇文章，並訂個
創意標題。

想像練習 5

· 如果你是一隻毛毛蟲，你有何感想？請寫出你最不平凡遭遇的一天。

想像練習 6

· 溫文儒雅的記者克拉克先生溜進電話亭，瞬間變成超人出現。問題
  是從來沒有人知道「當他換上超人的裝扮後，如何處置他的西
  裝？」他總不能將它們扔在電話亭裡吧！
  如果你就是超人，你將如何處置你的西裝？

參考答案：

1. 把西裝變得很小，然後把西裝放在口袋裡。
2. 把電話亭抬起來，把西裝放到電話亭下。
3. 放在別人家的屋頂上。
4. 變成一片膠帶，貼在天花板上。
5. 吃掉，變回來時再吐出來。
6. 去向哆啦A夢借縮小燈、放大燈，把西裝縮小後，塞在鼻孔，要換
   時，再放回原來大小。
7. 把西裝變成一隻小鳥，小鳥超人到處亂飛。
8. 把衣服摺成飛機，射回家。

想像練習 7

· 請好好發揮想像力，畫出自己在上大學時、壯年時和老年時的長像。

大學時
（二十歲）

壯年時
（四十歲）

老年時
（六十歲）

其他

想像練習 8

- 想像自己四十歲時在工作的模樣，並設計一張自己的名片。

想像練習 9

・請看下圖，運用你的想像力，寫出一篇有趣的文章來。

參考答案一

有一天上午，爸爸、媽媽、我和弟弟去看棒球，走著走著，到了公車站，正好看到棒球選手，他們就一起等公車，等了半小時，公車才到，他們就一起上車。

在往球場的路上，他們因為趕著去棒球場，所以請司機開快一點，但是因為司機開得太快，所以一下子就到了球場，結果太早到了，他們只好在球場等比賽開始！

參考答案二

從前有兩家人，他們相處的很融洽，一家人喜歡打籃球，另一家人喜歡打棒球，有一天，兩家碰面了，很開心的互打招呼。這兩家人都要去同一個場地，他們兩家都不知如何是好？只好站在原地互相微笑，好在，來了一位聰明的女孩子，她告訴他們應該要禮讓，或大家一起玩，結果大家都玩得很開心。

想像‧開門

- 運用想像力可以得到無窮的樂趣和刺激。試想出一個可以激發想像
  力的活動。

想像的創造思考教學活動設計

設 計 者：邱淑華
指導教授：陳龍安
單元名稱：想像
思考技巧：心像法、夢想法、腦力激盪術、自由聯想技術、檢核表技術
活動目標：1.提供想像空間，讓兒童海闊天空的去幻想。
    2.提供兒童運用心像思考的機會。
    3.教導兒童組織安排想像的情節，培養思考的能力。
準備教具：圖片、CD 光碟
活動構想：1.「想」是一種幫助自己、協助解決問題之鑰。有豐富想像力的人才有創造力，才能發明新事物及創作文學作品。
    2.想的方式很多，例如：聯想、分析、象徵、回憶、幻想、心像等，它們都是通往「豐富想像力」的道路，教學上可多加利用，並鼓勵兒童多閱讀世界童話、科幻小說及寫謎語。

活動內容：

活動一：夢遊仙境
・閉上眼睛全身放鬆，調整最舒服的姿勢，全神貫注在自己的呼吸上。
・現在，你正坐著火箭飛離地球，來到一個美麗的地方。
・請注意看一看你身邊的東西。
・現在，你看到了什麼？還看到了什麼？每一樣東西都要看清楚。
・感受一下特殊的氣氛，享受片刻吧！
・好了，現在要慢慢的、慢慢的離開美妙的地方。
・現在，你已經安全的返回地球了。
・當我數到十，請你睜開眼睛。

活動二：心路狂花，跳躍奔馳
- 請把夢遊仙境時所見到的點點滴滴，用心的記錄下來吧！
- 請以最簡潔的文句，並以 1、2、3……條列的方式書寫。
- 請把各個記錄下來的見聞，用「SCAMPER」檢核表做個整理。

活動三：重新組合的活動
- 請把檢核完成的紀錄，加以組合串連。
- 請替組合串連而成的美妙文章，訂個創意標題。

活動四：天馬行空，異想天開
- 想的方式有哪些？有什麼不同？
- 想像的意義是什麼？其關鍵字為何？
- 假如頭腦不做想像的工作了，你覺得可能會發生哪些事情？

活動五：我是天空裡的一片雲
- 選擇一個晴朗的日子，大夥兒到戶外看雲去。
- 你能描述你所看到的浮雲形狀嗎？
- 河馬的大嘴巴，使媽媽聯想到該給寶寶做飯了；天空的雲彩變化萬千、各式各樣，你會聯想到什麼呢？
- 假如你是天上的一朵雲，你如何看待地上的人群？
- 這個圖形是不是曾經看過？你覺得它像什麼？

活動六：蝴蝶飛呀
- 播放一首歌曲——蝴蝶飛呀，全體唱跳一番。
- 如果你會飛，你最想做什麼事？
- 假如你是一隻小小鳥（或毛毛蟲），你有什麼樣的想法？

活動七：我的未來不是夢
- 播放歌曲──我的未來不是夢，全體盡情唱跳一番。
- 請說出此首歌曲的意義和感受。
- 請想像一番，你未來的人生將是如何的景象？
- 你能想像出你二十歲、四十歲、六十歲時的模樣嗎？請配合你的人生設計來想像。
- 請簡單的描述（畫或寫）出你想像中的未來世界。

活動八：分享與回饋
- 學生了解想像的意義和精神之後，可發揮創意，大顯身手，自行設計作業單，以求融會貫通。
- 將作品展示在黑板上，並口頭說明設計的涵義，讓大家欣賞。
- 請回顧一下「想像」的課程，並以「一句話」說出你的心得或感受。

檢核表

活動內容：奔馳方案～檢核表技術

SCAMPER 的設計表格，可供查核表使用；這種設計主要是用幾個字的代號，來幫助我們了解並實際運用。SCAMPER 這幾個字是：取代（Substituted, S）、結合（Combined, C）、調整（Adapt, A）、修改（Modify, M）、做其他用途（Put to other uses, P）、取消（Eliminate, E）、重新安排（Rearrange, R）的縮寫，在中文方面我們也可用「代合調改用消排」的單字代表，以利記憶：

- 代（S）：何者可被「取代」？誰可代替？什麼事物可代替？有沒有其他的材料、程序、地點來代替？
- 合（C）：何者可與其「結合」？結合觀念、意見？結合目的、構想、方法？有沒有哪些事物可與其他事物結合？
- 調（A）：是否能「調整」？有什麼事物與其調整？有沒有不協調的地方？過去有類似的提議嗎？
- 改（M）：可否「修改」？改變意義、顏色、聲音、形式？可否擴大？增加時間？較大、更強、更高？
- 用（P）：利用其他方面？使用新方法？其他新用途？其他場合使用？
- 消（E）：可否「取消」？取消何者？減少什麼？較短？有沒有可以排除、省略或消除之處？有沒有可以詳述細節、增加，使其因而變得更完美、更生動、更精緻的地方呢？
- 排（R）：重新安排？交換組件？其他形式？其他陳設？其他順序？轉換途徑和效果？有沒有可以旋轉、翻轉或置於相對地位之處？你可以怎樣改變事物的順序？或重組計畫或方案呢？

檢核表技術使用時可透過先列好的查核項目，藉以導引思考方向，達到
問題解決或事物改進之目的（郭有遹，1973；陳龍安，1984；Osborn,
1957）。

· 請記錄這一週來，有關「想像」的一些事例……

星期日

星期一

星期二

星期三

星期四

星期五

星期六

_____ 年 _____ 月 _____ 日至 _____ 年 _____ 月 _____ 日

創意的第 **7** 把金鑰匙

挑　戰

(*Complexity*)

是一種突破的希望
能處理複雜困境與混亂意見
並能抽絲剝繭，尋求解決問題的能力

挑戰（Complexity）

挑戰是……

尋求選擇

改進

解決

順序

錯綜複雜

- 抽絲剝繭
- 亂中有序
- 百折不撓
- 鍥而不捨
- 衝破難關
- 百尺竿頭
- 自強不息
- 循序漸進
- 追求抉擇
- 再接再厲
- 臨危不亂
- 接受挑戰
- 迎刃而解

挑戰（Complexity）

挑戰是一種突破的力量，能勇於面對問題，並能從複雜與混亂的困境中理出頭緒，尋求解決的一種態度與能力。具有挑戰者富有野心，不為偏見及舊方法所束縛，能夠接受不安定、模糊及曖昧，也能夠接受複雜的事物，且不滿足、追求成長、有冒險特質。

一、挑戰力的特徵

1. 鍥而不捨，尋求更多的可能性：有挑戰力的人都會有堅忍不拔的意志力與不畏困難的勇氣。
2. 亂中有序，能自雜亂中理出頭緒：即使外界事務紛擾不休，還是可以很鎮定地完成任務。
3. 有條不紊，洞悉現實與理想的差距：處理事情或面對日常事務都整理得條理分明、井然有序。
4. 容忍複雜，深究複雜的問題或意念：即便是在複雜的情境或艱難的挑戰中，都會耐住性子處理。

二、激發挑戰的策略及方法

1. 容忍曖昧法：可提供各種困擾、懸疑或具有挑戰性的問題，以供思考，或提供各種開放而不一定有固定結局的困境，並鼓勵從不確定的情境中找到一些解題的線索，以尋求問題的解決之道。

   例 1：如果你是一位探員，請問你如何偵查銀行的搶案？或進行掃黑行動？如要從事此計畫，必先從報章雜誌或電視新聞上，了解案發經過，模擬追尋線索，並猜測可能發生的情況。

   例 2：如果花木蘭在沒有立下汗馬功勞之前，就被發現是女生時，

會怎麼樣？

2. 探索的技術：針對一些複雜的個案，探索從前的一些處理事情之方法（歷史的研究）；探討某些事物的現況（描述的研究）；建立實驗的情境，並探討其結果（實驗的研究），並能找到解決問題的線索。

3. 重組法：是指將一種舊的結構重新改組，創立一種新的結構，在零亂無序的情況下，發現組織並提出新的處理方法，例如：在語文遊戲中，寫出「集」字的部首、同音、同韻的字；或是玩「成語接龍」的遊戲；或利用某些詞造句；或是提出一些問題，如「假如你是一棵樹，你會有什麼感覺？」等，皆是利用一些熟悉的線索，隨意探求一些新觀念或其他的事例。

三、挑戰力的訓練

培養挑戰力可以透過各種不同的訓練加以提升，例如：

1. 為某個活動製作一系列的海報。
2. 設計不同的時間計畫表。
3. 挑選一些錯綜複雜的語文遊戲來玩。
4. 每週安排一項新奇複雜的活動。
5. 解開纏住的線團。

挑戰（Complexity）

挑戰力是一種處理複雜問題與混亂意見以尋求解決問題的能力，它將邏輯推理帶入情境中，並洞察出影響變動的因素。

◎挑戰的關鍵字是「從混亂中理出頭緒」◎

以下幾件事可以訓練自己「具有挑戰性」的能力：

1. 為了宣傳學校展覽會，設計並製作一系列的海報。
2. 能為學校、鄰居或家人安排象棋比賽的賽程。
3. 在收入許可的情況下製作預算表。
4. 做一道鬆餅當早點，以代替麥片粥。
5. 一向都是日上三竿才肯起床，有一天卻規定自己早上六點要起床。
6. 寒冷的天氣，洗冷水澡。
7. 用英文主動與外國人交談。
8. 組一個團到國外自助旅行。
9. 接下啦啦隊隊長的職務。

練習：

請列出能訓練挑戰力的幾項情境：

1. _____

2. _____

3. _____

挑戰（Complexity）

挑戰就是……

挑戰是什麼？試著把你的想法寫下來。

挑戰是：

1. 拒絕老師公布的答案，鍥而不捨的思考。
2. 很快地把滿屋子的髒亂打掃乾淨。
3. 抱著「不成功便成仁」的勇氣。
4. 找出書中（或教師）講授的矛盾，並到處蒐集資料去反駁它。
5. 「兵來將擋，水來土掩」。
6. 把別人認為不可能的事變成可能的一種力量。
7. 「如果不把這本書讀完，我是豬」。
8. 明天會更好。
9. 刺激產品改進，向極限邁進。
10. 遇到數學難題時，阻止老師的提示，直呼：「我自己想！」
11. 永不服輸。
12. 字典裡查不到「難」這個字。

挑戰是：

挑戰（Complexity）

· 設計不同的時間計畫表，將下列所有活動安排於早上九點至下午五
  點間（只要在此時段之內，各個活動可以不限次數、不限次序的安
  排）。

例如：

整理家務需花一小時。

想約舅媽逛街，舅媽要到上午十一點以後才有空。

練習豎笛需花一小時。

陪媽媽去看電影，上映時間為下午一點到三點，或是三點到五點。

吃早午餐需花二小時，店是上午十一點開始營業。

每週安排一項新活動，活動方式與時間不拘。

時　　間	活　　動	檢　　討

挑戰（Complexity）

· 試一試解說下列有趣的邏輯問題：

宣文、宣武、錢鼎和永皓各參與一隊的運動，這運動的種類是曲棍球、棒球、水球和足球，而各隊的名字是獅子、老虎、猴子和老鼠。

· 請找一找每個人所參與的種類和他歸屬的球隊名稱。

1. 永皓是足球隊員，他和獅子隊住在同一條街。

2. 曲棍球隊員和老鼠隊員乘坐不同的車，而錢鼎和老虎隊員卻乘坐同一部車。

3. 宣文和棒球隊員都是研讀西班牙語，而宣武和水球隊員都是研讀法文。

4. 永皓和猴子隊員一起離開學校。

5. 棒球隊員不在老鼠隊。

6. 宣武不是足球隊員。

姓名	種類	隊名
1. 宣文		
2. 宣武		
3. 錢鼎		
4. 永皓		

挑戰練習 1

· 在我的成長與學習過程中，總有一些父母和自己都感到不滿意的缺點，現在我決定改掉最不滿意的缺點為：

参考答案：我最不滿意的學習或成長過程中的缺點是：脾氣不好。
其成因是：弟弟常惹我，使我脾氣變得不好。
改進計畫：第一天，弟弟惹我時，先忍耐一分鐘。
第二天忍耐二分鐘，一天加一分鐘，以此類推。

· 你做過哪些事，當一次做不好時，你會一直堅持要做到好？

参考答案：練琴、騎單車。

挑戰練習 2

·對你而言，做哪些事是一種挑戰？

參考答案：起床、考試、在班上考第一名。

· 有一組玩具的價格很高，要五千元，你如何在短時間內存到錢去購買？

參考答案：打工、一天只吃二餐、請媽媽給我。

挑戰練習 3

· 桌上有十支牙籤，請在三分鐘內排出一個簡單的房子圖案，並把它
  畫下來。

參考答案：

· 一個農夫帶著雞、狗和一擔青菜要過橋，因為橋太老舊，一次只能
  帶一種動物或物品過橋，且狗會咬雞，雞會吃掉青菜，請問農夫怎
  麼完好的帶他們過橋？

參考答案：1.全部吃到肚子。
         2.先把雞帶過去，雞放下，再回來將菜帶過去，菜放下，
           將雞帶回來，雞放下，把狗帶過去，狗放下，再回來把
           雞帶過去。

挑戰練習 4

- 在我的學習或成長過程中，總有一些是父母和自己都感到不滿意的缺點，現在我決定改進這些最不滿意的缺點。

我最不滿意的學習或成長過程中的缺點是：

它的成因是：

我的改善計畫是：

挑戰練習 5

· 你有過不好意思做，但又很想做的事情嗎？請計畫下兩週內要做的
　「不好意思做，但又很想做」的事情。

挑戰練習 6

· 你的父母同意你在寒假中自己一個人到歐洲自助旅行，這時你必須
  考慮到交通、住宿和衣食等問題，請好好的計畫一下你的「歐洲之
  旅」。

挑戰・開門

・ 請設計一個具有「挑戰性」的活動。你要讓誰去嘗試這個活動呢？

挑戰的創造思考教學活動設計

設 計 者：林秀吟
指導教授：陳龍安
單元名稱：挑戰
思考技巧：腦力激盪、聯想法、屬性列舉
活動目標：1.學生能從分站活動中，體會挑戰的意義，並訓練自我的挑戰性。

2.學生能面對成長或學習的挑戰，並克服生活難題。

準備教具：糾纏的繩結、迷宮圖、書桌、大小種類不一的書和文具（娃娃角用品）、書面紙、作業單（請自備）、自我挑戰卡、獎品（卡）

活動構想：設計分站活動，使學生在短時間內個個都能從容的進行多項自我挑戰的活動，並能從各項活動中確實體會「挑戰」的意義和訓練自我的挑戰性。

活動內容：
活動一：自我挑戰
- 抽絲剝繭：要學生解開多條糾纏不清的繩結。
- 百折不撓：請學生走出錯綜複雜的迷宮圖。
- 亂中有序：請學生整理雜亂的書桌（桌上有大小種類參差不齊的書和文具），或整理娃娃角，好好布置自己的家，以便招待客人。
- 追求抉擇：要學生擬出寒假自我成長計畫。
- 再接再厲：要學生做繞口令練習。
　　※「自我挑戰」是以分站遊戲的方式進行，可與他班師生作協同或混齡教學。
　　※「自我挑戰卡」人手一張，每站過關者予以貼紙或蓋章註記。

※「自我成長計畫」的類別，可在該站予以書面提示，或在課前進行腦力激盪時提出。

※分站活動結束，不能忽略比高下，並予以獎勵。

活動二：挑戰勇士出場
・請學生在歷經分站活動後，說說自己的感想以及何謂挑戰。
・老師歸納說明挑戰的意義：挑戰就是以邏輯條理處理複雜問題或混亂意見，以尋求解決的能力。
・師生共同提出挑戰的關鍵字。

活動三：經驗分享
師生提出當自己面對複雜問題時，如何以百折不撓之精神衝破難關的經驗，或說說有關挑戰的故事，例如：口足畫家楊恩典、四肢不全尼克、乙武洋匡……。

活動四：自強不息
・讓每個學生說說自己或家人最不滿意自己在學習或成長過程中的缺點，檢討其成因並提出改進計畫。
・其他同學予以良心的、具體的建議。
・完成作業單。
・其他作業習作。

活動五：回饋活動
學生在了解挑戰的意義和精神之後，請自行設計作業單，如此可知學生對挑戰是否有融會貫通？也有助於教師的教學評量。

迷宮圖 1

- 仙人掌森林

  這裡的仙人掌高數十尺，人在當中顯得非常渺小。而且由於地上長滿了毒草，阿奇只能攀爬仙人掌中的空隙通過這項考驗。你想他會怎麼走呢？

資料來源：《親代創造思考寶庫》之資優教材 8：益智

迷宮圖 2

- 文章迷路了

  調皮的文字寶寶，不乖乖待在家裡，總是跳來跳去到處玩。小朋友，你看這篇短文，該怎麼唸才通順呢？

的	然	偶	是	不	功	成	⇐
它	心	只	服	一	出	成	
要	灰	有	克	切	踏	功	
靠	不	勇	前	難	能	之	
不	餒	往	直	關	才	路	⇒
斷	氣	不	也	敗	失	使	
的	努	力	和	歷	鍊	即	

文章迷路了：

資料來源：《親代兒童》第二卷第四十期

- 地圖

  這張地圖的道路裡藏著許多國字。

  找找看，有哪些國字呢？共有二十多個喔！

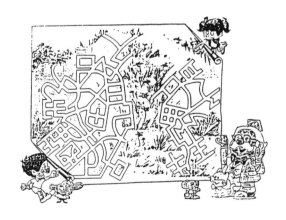

資料來源：《親代兒童》第三卷第八期

・請記錄這一週來，有關「挑戰」的一些事例……

星期日

_____

星期一

_____

星期二

_____

星期三

_____

星期四

_____

星期五

_____

星期六

_____

_____ 年 _____ 月 _____ 日至 _____ 年 _____ 月 _____ 日

創意的第 **8** 把
金鑰匙

好　奇
(*Curiosity*)

是一種質疑的企圖
問題產生時，能具大膽假設、小心求證
有追根究底，探詢、追問的能力

好奇（Curiosity）

好奇是……

懷疑

伴隨疑惑

調查

詢問

困惑

沉思

- 追根究底
- 百思不解
- 探個究竟
- 仔細查訪
- 奇奇怪怪
- 問題重重
- 真相大白
- 打破砂鍋問到底
- 一團迷霧

好奇（Curiosity）

好奇是一種質疑的企圖，具有追根究底、樂於解決困惑、發掘事實的能力。對自己不熟悉、不了解的事物覺得新奇而感興趣，問題產生時，能具有大膽假設，小心求證，打破砂鍋問到底的企圖。

好奇心，心理學上認為是個體遇到新奇事物或處在新的外界條件下，所產生的注意、操作、提問的心理傾向。好奇心是個體學習的內在動機之一，是個體尋求知識的動力，是創造性人才的重要特徵。

一、好奇的特質

1. 詢問（ask）：愛因斯坦說：「提出一個問題往往比解決一個問題更重要……。」巴爾札克說：「打開一切科學的鑰匙必然都是問號，……而生活的偉大智慧，大概就在於逢事都問個『為什麼』。」

2. 沉思（ponder）：為了探索問題的答案，常是一位沉思者。

3. 伴隨疑惑（follow a hunch）：對於任何問題，不管別人如何解答，他都會持續以疑惑的態度去探索問題的真相。

4. 主動性（initiative）：從個體動機的自發性與目的性來看待，並對於任何有興趣的事物都會採取主動性。

5. 調查（inquire）：面臨新奇的、神秘的、自相矛盾的事物時，就會產生三種形式的探究行為：感官探究、動作探究，以及言語探究。

6. 情感性（emotion）：可以使個體從探索中獲得愉快的體驗。在好奇心的驅使下表現出來的觀察、提問、操作、選擇性堅持、積極情緒等，有助於學習活動的有效進行。

二、好奇的策略

1. 環境的策略：應創設具有新奇性、變化性與神秘性的物質環境，以及積極的心理環境，並提供正向的情感支持。

2. 懸疑的策略：透過設置懸疑，例如：不和諧性、矛盾性、新奇性、驚奇性、複雜性、不確定性等，使之超出預期，從而引發驚奇心，並保持一種對刺激物的注意與探索，使驚奇轉化為興趣情緒。

3. 認知結構策略：主要是指我們在問任何問題或安排學習活動時，要與認知水準一致，從而使對方的心理上感到滿足，由此激發其求知需要的一種策略。

4. 激發問題的策略：是指透過創造性問題，引導對方發現問題，透過討論、實驗或腦力激盪等方式主動探索的一種策略。基本理念是提供環境和物品，激發對方提問、不要急於提供問題的答案，而是引導其自己去發現問題、探索問題，鼓勵其繼續嘗試感興趣的探索。

三、好奇的訓練

平常我們也可以透過不同的活動設計來訓練好奇心，例如：

1. 我說你猜：在盒子裡藏有一件物品，給一些線索讓對方猜，也可以鼓勵其發問。

2. 自然現象的探索：如「雨水會流到哪裡去？」

3. 科學遊戲：設計一些科學小活動，例如：在水中加入一些不同液體會變出不同答案。

4. 魔術遊戲：設計一些小魔術，激發對方的觀察力與想像力，更能充分激發其好奇心。

5. 小小偵探：講故事或閱讀辦案的故事，或讓其玩小偵探的活動。

好奇（Curiosity）

好奇心就是對事物感到懷疑，問題即伴隨而來。在問題產生時，便去調查、詢問、追蹤，雖然感到困惑，卻仍能繼續默想、沉思，以求明白事情的真相。

「好奇心」是經由懷疑、思考、困惑而形成的一種能力，它是開始發問、思索及嘗試的關鍵。

◎好奇的關鍵字是「疑惑」◎

當下列的事情發生時，你會感到好奇：
  1.拆開一個舊鐘，只是為了看內部的結構。
  2.問「為什麼」？
  3.疑惑「假如……會發生什麼事？」

練習：

請試著列舉一些有關好奇的事物，且對每件事物問一個問題：

1. _____

2. _____

3. _____

好奇（Curiosity）

好奇就是……

好奇是什麼？試著把你的想法寫下來。

好奇是 :

　1.先看一篇故事後能提出許多疑難問題。

　2.培養兒童凡事好奇、好問、尋求答案的習慣。

　3.追根究底，勇於嘗試。

　4.摸東摸西，東問西問。

　5.提供新鮮事物，每日一「新」。

　6.求知慾強，勇於發問。

好奇是 :

好奇（Curiosity）

請看看下面這個怪機器，想想看，你會提出哪些疑惑的問題，請寫在
下面。

好奇‧量一量

- 想知道自己對事物的好奇程度為何？以下的量表從 1（表示「我一點也不感好奇」）到 10（表示「非探個究竟不可」）之間，請你衡量自己的好奇心程度。

例如：

事件：新的鄰居　　　　　　　　　　1 2 3 4 5 6 7 8 9 10

事件：＿＿＿＿＿＿＿＿＿＿　　　　1 2 3 4 5 6 7 8 9 10

事件：＿＿＿＿＿＿＿＿＿＿　　　　1 2 3 4 5 6 7 8 9 10

事件：＿＿＿＿＿＿＿＿＿＿　　　　1 2 3 4 5 6 7 8 9 10

事件：＿＿＿＿＿＿＿＿＿＿　　　　1 2 3 4 5 6 7 8 9 10

- 你見過能讓自己好奇到想把疑惑解開的事物嗎？

• 根據你的經驗，對於「好奇會殺死貓」的這句話，你同意與否？

• 從你的經驗中，找出一個曾為之爭辯而獲得證實的事件。

• 如果有一個杯子裝滿了醋和水，再加兩茶匙的醱粉，然後倒在五顆未爆的玉米上，會發生什麼事？想一想杯中還可添加什麼物質？

好奇（Curiosity）

下列是好奇心的表現：

1.牛頓發現「地心引力」。

2.在課堂上不斷的向老師發問，一定要打破沙鍋問到底。

3.為什麼電腦壞了？我來修理看看？

4.又出新書了！真的！我要去買來看！

5.隔壁的黃小明今天又帶了什麼好吃的零食？

6.為什麼陳美華和王小莉總是班上的前幾名？

還有哪些事情是好奇心的表現：

好奇（Curiosity）

· 如果沒有季節變化，我們的生活會有什麼不同呢？

参考答案： 1.自然景觀沒有變化。

2.穿衣服沒有變化。

3.每天就只能與北極熊或企鵝為伍。

4.沒有寒暑假。

好奇（Curiosity）

・如果太陽全天照耀，這個世界會變成什麼樣呢？

參考答案：1.我們都會變成「黑人」
2.會熱死。
3.全世界只能看到仙人掌。
4.每個人都穿泳裝。
5.水都不見了！

好奇（Curiosity）

· 一大早，你看到老師的表情嚴肅，心情似乎不太快樂，你想可能的原因是什麼？

參考答案：1.老師沒睡飽。
　　　　　2.老師在敷臉。
　　　　　3.老師錢被偷。
　　　　　4.老師沒吃飽。

· 請猜出下面的字謎來。
　1.左一耳、右一耳，左邊的耳朵不像耳，右邊的耳朵倒像耳。
　2.一百年前是一片草，一百年後是一棵樹。

謎底：1.耶。
　　　2.葉。

好奇（Curiosity）

- 想一想：如果一顆種子落在瓦礫石堆裡，種子會不會發芽、成長？
請說出你的答案，並說明理由。

- 想一想：未來手機可以增加哪些物品或功能，以提高其附加價值。

參考答案：1.烤麵包；2.暖暖包；3.遙控器；4.防身警報；5.印機票；
6.掃描器。

好奇（Curiosity）

‧ 關於＿＿＿＿＿＿（人生，未來，愛情），我最想了解的是：

```



```

參考答案：1.我會不會如願做自己喜歡的工作？

2.我何時會結婚？

3.我會不會中獎？

4.我會不會有快樂的一生？

5.我會不會是個好丈夫、好爸爸？

‧ 如果任何東西都可以拆開來看一看，哪些東西你很想拆開來看看？

```



```

參考答案：1.音樂盒；2.大腦；3.地球；4.鉛筆盒；5.電腦；6.子彈。

好奇（Curiosity）

- 下列各個問題中，哪一個最能引起你的好奇心，請以「！」的數量，來表示你好奇的程度。

問題	好奇度
宇宙的大小要如何測量？	
為什麼太陽不會從西邊出來？	
西洋神話中的龍會飛、會噴火，有科學根據嗎？	
一個人有可能回到「過去」殺死自己嗎？	
宋朝時，飛碟曾經拜訪中國，你知道嗎？	

- 一個平常對你不好的人，今天突然對你很好，你想是為了什麼？

>

參加答案： 1.他欠我錢。
　　　　　　2.他失去記憶。
　　　　　　3.他頭殼壞了！

好奇（Curiosity）

- 請試著回想一下，你的生活周遭，當你遇到哪些事物時，你會問「為什麼……？」，請列舉出來。

參考答案：　1.為什麼不能打電動？

2.為什麼媽媽出去了？

3.老師為什麼生氣？

4.超人為什麼能飛？

5.為什麼有外星人？

6.為什麼魚要叫魚呢？

7.為什麼太陽要叫太陽？

8.為什麼有人類呢？

- 灰色、藍色、紅色加起來，會變成什麼顏色？

好奇（Curiosity）

· 假如你很想買幾本流行的漫畫，可是媽媽不答應，於是你起了一個不好的念頭，準備在沒有告知媽媽的情況下，就擅自從媽媽的皮包裡拿了二百元，偏偏這件事被弟弟發現了，那麼接下來可能會發生什麼事？

參考答案：1.被打。

2.被趕出去。

3.和弟弟平分。

4.斷絕「母子」關係。

好奇練習 1

・聲音是什麼？我們是如何聽到聲音的？

・聲音有什麼用處？

・如果世界上沒有了聲音，會發生什麼事？

・你最喜歡什麼聲音？最討厭什麼聲音？

・什麼聲音最能引起你的好奇，想一探究竟？

好奇練習 2

• 你想知道下列問題的答案嗎？請利用右邊的量表，來表示你好奇的程度。（1表示「一點也不好奇」，10表示「非常想要探究到底」）

問題	好奇的程度
1. 人為什麼會做夢？	1　2　3　4　5　6　7　8　9　10
2. 人為什麼會變老？	1　2　3　4　5　6　7　8　9　10
3. 濾過性病毒是什麼？	1　2　3　4　5　6　7　8　9　10
4. 世界上到底有沒有鬼？	1　2　3　4　5　6　7　8　9　10
5. 人為什麼需要睡眠？	1　2　3　4　5　6　7　8　9　10
6. 人為什麼會得癌症？	1　2　3　4　5　6　7　8　9　10
7. 感冒是怎樣來的？	1　2　3　4　5　6　7　8　9　10
8. 藥是用什麼東西做的？	1　2　3　4　5　6　7　8　9　10

• 哪一件事是你最感好奇的？請你去查一查，找一找看看能否找到解答。

好奇的事	我找到的資料

好奇練習 3

· 在上、下班的路上，有哪些事常常使你心存疑惑？請你寫出來，並
且對每件事物至少問一個問題。

好奇練習 4

· 請每個人寫一則曲折離奇，卻沒有結局的故事，輪流發表之後，看一看誰的故事最引人好奇？

我的故事名叫：＿＿＿＿＿＿＿＿＿＿＿＿＿＿＿＿＿＿＿＿＿＿

內容：

＿＿＿＿＿＿＿＿＿＿的故事最引人好奇，因為：

好奇練習 5

• 今天早上，老板一進辦公室就笑眯眯的，你想可能是什麼原因呢？
  如果老板一來就大發脾氣，你猜大概發生了什麼事呢？

好奇練習 6

· 假如世界上的樹都絕種了，你想會發生什麼事？

好奇・開門

・ 請設計一項活動來引發他人的「好奇」，使這項活動令人無法抗拒。

好奇的創造思考教學活動設計

設 計 者：宋美麗
指導教授：陳龍安
單元名稱：好奇
思考技巧：自由聯想、腦力激盪
活動目標：啟發兒童對事物的好奇心，並且不怕困難，尋求解答。
準備教具：電腦（可上網）、作業單（自行設計）、空白作業單
活動構想：引發兒童想知道謎底的好奇心，進而鼓勵對事物產生好奇，
　　　　　並且能透過各種途徑去探究答案。

活動內容：

- 聽一段 CD，把聽到的聲音寫在作業單上，並且利用這些聲音編一個故事。
- 共同分享各人所編的故事。
- 揭曉聲音的謎底。
- 每個人說出自己對什麼最好奇？通常如何去尋求答案？舉例來告訴大家。
- 共同討論：能滿足我們好奇心的有哪些人？哪些書籍？哪些地方？哪些方式？
- 填寫「好奇量表」，並且尋求解答，共同分享。
- 聲音的奧秘，引人好奇，請查資料後，完成作業單，下次帶來。
- 在這一週內，每天找出一件最為好奇的事來，寫在「好奇量表」作業單上，並且圈示好奇的程度如何（1～10，10 代表最為好奇），下次帶來。
- 每個人設計一個能引人好奇的活動，寫在空白作業單上。
- 整個教學活動結束前，每個人發表學習的心得。

附錄：

好奇量表

好奇的問題：_____

好奇的程度：

_____　1.一點也不好奇

_____　2.

_____　3.

_____　4.不怎麼好奇

_____　5.普通、還好

_____　6.有點好奇

_____　7.

_____　8.

_____　9.

_____　10.非常好奇

· 請記錄這一週來，有關「好奇」的一些事例⋯⋯

星期日

星期一

星期二

星期三

星期四

星期五

星期六

_____ 年 _____ 月 _____ 日至 _____ 年 _____ 月 _____ 日

創意的第**9**把
金鑰匙

冒　險
(*Risk Taking*)

是一種嘗試的勇氣
面對問題時勇於探索、猜測、實驗
或面對批判及應付未知情況的勇氣

冒險（Risk Taking）

冒險是……

評價（估）	・赴湯蹈火
	・勇往直前
勇氣	・冒險犯難
	・奮不顧身
試驗	・自告奮勇
	・英雄本色
探險	・見義勇為
	・我說你猜
預測	・如臨深淵，如履薄冰
	・太歲頭上動土
嘗試	・不入虎穴，焉得虎子
	・老虎嘴上拔毛
猜想（測）	・勇於探索
	・直入險境

冒險（Risk Taking）

義大利冒險家哥倫布認為：生命的意義在於探索未知的世界。所有成功的大企業家都具有勇於猜測、嘗試、實驗或面對批判的勇氣，這就是冒險性，也包含了：評價（估）、勇氣、試驗、探險、預測、嘗試、猜想（測），以及堅持己見和應付未知情況的能力。

人往往因夢想而胸懷大志，為實踐夢想，就能精神百倍，勇於冒險。現在的冒險不再是字面上解釋及個人行為，而是已擴展至「冒險教育」。簡單來說，就是讓學習者經歷一個活動或一系列設計好的活動，經由教師的引導，讓學習者透過活動裡發生的事情去反思，然後產生學習，進而應用在現實的生活裡。

一、冒險的特質

1. 外向的、直覺的、感覺的、具有相當的活力、善於觀察。
2. 對發現生命的意義非常有興趣，不斷願意嘗試新事物，喜歡被人們所肯定。
3. 是打頭陣的急先鋒。不顧結果成功與否，具有開朗的個性，且富有領袖魅力。
4. 創新本身具有不確定性、風險性，此即為一種冒險的活動。創新更需要勇氣，必須承擔失敗的風險。
5. 能夠接受批評、嘲弄、犯錯、失敗等考驗，有堅毅的性格，會調整處事的態度，從困頓中學習，產生新力量。

二、冒險的策略

1. 挑戰傳統：能夠主動挑戰舊的傳統知識和習慣，衝破束縛的藩籬，

做別人不願意或不敢做的事。

2.氣氛營造：冒險的氣氛有不確定感及緊張性，可藉由情境或訓練，透過故事或評論，甚至在遐想中營造有趣及神秘感、愉悅與歡樂，使學員從這些學習經驗中體驗。

3.鼓勵成長：激發學生內在及外在的驅力，確信任何人皆可做到，並相信自己一定能做到。支持鼓勵、成長學習，自始至終給予一致的高期望標準。

4.團隊解難：鼓勵人際間相互關懷支持，發揮團隊的力量，解決個人無法單獨完成的高難度任務。

5.資源利用：充分利用社會資源，例如：圖書館、科博館、動植物園、廣場⋯⋯等公共場所，透過合理、經濟與結構性的安排，有效的完成課程。

6.承諾契約：訂定契約就是一種宣誓和承諾，對團隊與自己負責，是一種幫助個人學習冒險體驗教育的有效策略。契約內容可要求將注意力集中在課程活動中，真誠的、善意的、不批評的、合作的、理性的、平安的完成冒險訓練學習的任務。

三、冒險的活動

1.在團體中向不認識的團員自我介紹、溝通、合作、解決問題、信任等活動。

2.室內及戶外活動體驗，例如：大地遊戲、登山、攀岩、溯溪、造筏等活動，或是低空繩索與高空彈跳、熱氣球等課程。

3.設計簡單的小遊戲，例如：撕紙遊戲、戳戳樂、捏氣球、鬼抓人、神秘箱、堆疊積木、餵狗、理光頭、做蛋糕、球池抓人、爬老樹、搭纜車、搭海盜船、360度旋轉、地心引力、雲霄飛車、吃苦瓜、搶球等。

4.冒險性探索訓練：鼓勵參加潛水、海釣或跳傘、在鬼屋探險、百戰
　百勝節目等訓練。
5.腦力奧林匹克遊戲：除了身體動作的冒險活動，還有腦力大賽，以
　腦力激盪創新為主題，鼓勵親子、朋友、同學、工作夥伴組隊去參
　加。

冒險（Risk Taking）

冒險就是有猜測、嘗試、實驗或面對批判的勇氣，它包括堅持己見及應付未知情況的能力。

◎冒險的關鍵字是「猜測」◎

當你處在以下的情況時，就是在冒險：

1.想試試在一分鐘內可以吃多少脆餅。
2.以自製的車子和鄰居競賽。
3.決定參加攝影社社長的競選。
4.爬一座別人都不敢爬的山。
5.去一個別人都不敢去的地方。
6.早上起不來，只好蹺課，冒著被老師點名的危險。
7.冒著受人注目的危險，將內衣外穿！
8.故意把車鑰匙放在車上，考驗車子是否會被偷！
9.計畫騎腳踏車環島一週。
10.寫文章投稿。
11.參加吃豆花大賽，未吃滿十碗要付錢。
12.去鹽水看蜂炮。
13.玩錢仙。
14.幫媽媽擺路邊攤，賣春捲。

練習：

請列舉值得去冒險的情境：

1.＿＿＿＿＿＿＿＿＿＿＿＿＿＿＿＿＿＿＿＿＿＿＿＿

2.＿＿＿＿＿＿＿＿＿＿＿＿＿＿＿＿＿＿＿＿＿＿＿＿

3.＿＿＿＿＿＿＿＿＿＿＿＿＿＿＿＿＿＿＿＿＿＿＿＿

冒險（Risk Taking）

冒險就是……

冒險是什麼？試著把你的想法寫下來。

冒險是 ：
1. 敢翹愛當學生的老師的課。
2. 「視死如歸」的一種勇氣。
3. 吃從未吃過的東西。
4. 縱橫股票市場的心情。
5. 嘗試新的方法。
6. 如衛斯理這種人。
7. 生了七仙女後又懷孕。
8. 「嫁給他」。
9. 膽大心細，放手一搏。

冒險是 ：

冒險（Risk Taking）

· 去冒險！做一件未做過的事，而它可能是件你一直很想做的事（合法的）。

· 寫一則標語鼓勵別人一起去冒險。

· 這一週你有一項決心要做的事，雖然不知道結果如何，那是什麼事呢？

冒險（Risk Taking）

· 你是怎樣決定的？如果不符實際，你有沒有預感？很好玩嗎？

· 想一首能夠描述你心情的歌名（或者可以寫一首完整的歌）。

　　大部分的英雄都勇於冒險，當他們奮勇救人和極力維護法律及秩序時，他們都處在需要冒險且緊張萬分的情境之下。

冒險（Risk Taking）

- 有一天早上去上學時，當你來到校門口，冷不防的衝出兩個歹徒將你推上車，載你到一個偏僻的廢墟中，進行他們慎密安排的綁票計畫……，試想：你要如何掙脫歹徒的魔掌，讓傷害減到最低的程度？

參考答案：1.用「任意門」回家。

2.把自己放大。

3.用炸藥把門炸開。

4.告訴歹徒我不是父母親的孩子，我是認養的。

- 聽說學校的某個廁所常常有鬼魂出沒，你準備召集幾位同學一起進行夜訪活動，請問你將如何處理夜訪活動中所可能發生的各種情況？

參考答案：1.準備符咒。

2.準備黑狗血。

3.準備尖叫。

4.全部都扮成鬼，和他們打交道。

冒險（Risk Taking）

·很多的英雄都是勇於冒險的，你覺得在現今社會中，有哪些情境是值得我們去冒險的？請列舉出來。

參考答案：1.警察追流動攤販時，幫助小販。

2.高速公路塞車時，抄路肩。

3.蹺課看書。

4.到游泳池裸泳。

·請利用自創的卡通圖片創造一個天生的英雄，讓你的英雄真正面對需要冒險的情境（冒險的思考能力）。

冒險（Risk Taking）

· 如果沒人陪你，你一個人敢去哪些地方？

参考答案：1.學校偏僻的角落。
2.墳墓。
3.商店買東西。
4.兒童樂園。

· 投籃比賽，有人和你同分時，要不要再和他比一次？

参考答案：要，因為剛才只是小試他一下，第二次可就要展現實力了！

冒險（Risk Taking）

· 媽媽去買菜，要 20 分鐘才回來，家裡剛好都沒有人，你覺得很害怕，這時該怎麼辦？

參考答案：1.到鄰居家。

2.打電話和同學聊天。

3.打電話和警察伯伯聊天。

冒險練習 1

- 從事任何冒險的事，都需要有極大的勇氣，只要你的勇氣十足，凡
  事勇於嘗試，相信你會愈來愈進步！下面就請將曾經有過的冒險經
  驗列舉出來。

冒險練習 2

- 假如你敢試著去問別人（熟人以外）的年齡或體重，你認為有多少人會給你正確的答案？請自己設計一份表格，並記錄下來。

- 你要如何去判斷這些答案的正確性？

- 你的猜測與事實有多接近？有多少人願意回答你的問題？

- 從這個活動中，你學到了什麼？

冒險練習 3

• 你最害怕去做的事情有哪些？請寫出來。

• 請選一項你不敢去做的事情，試著面對它，做做看！然後寫出你的
感想與心得。

冒險練習 4

- 當你聽到有人在背後說你的壞話，批評你事情做得不好的時候，你會怎麼去面對它？

- 試著去結交一個新朋友，並且寫出你結交新朋友的方法。

冒險練習 5

- 想要加強創造力，必須常學習新的事物。請你列出一週內，每天要學的新事物（不一定要很難的），然後認真地去執行，看看一週後有什麼新發現。

我發現：

冒險練習 6

· 在日常生活中，我們常常會有一些固定不變的習慣，想想看：你是
  否也有一些已經固定的習慣？

· 試著改變其中的一項習慣，看看有什麼不同的感覺？

冒險練習 7

- 請試著帶十個充氣汽球到街上，看到人就刺破一個，觀察一下人們
  會有什麼樣的反應，請把反應記錄下來。

感想：

冒險・開門

・請設計一些不要涉及生命危險，而能激發人們「冒險」的活動。

冒險的創造思考教學活動設計

設　計　者：李秀鳳

指導教授：陳龍安

單元名稱：冒險

思考技巧：習慣改變法、激發法

活動目標：1.激發兒童勇於嘗試新事物的勇氣。

　　　　　　2.能堅持己見、接受挑戰、不怕失敗。

準備教具：冒險故事、作業單

活動構想：希望透過本單元的學習，激發兒童潛在的能力。在面對一

　　　　　　些不可知的挑戰時，能夠勇往直前，不怕失敗。

[活動內容]：

課前活動：師生共同蒐集有關冒險的故事。

活動一：故事比賽

- 教師首先以「哥倫布發現新大陸」的故事或播放「古墓奇兵」的片段，做為開端。
- 接著由學生比賽講述冒險的人物故事。

活動二：討論與分享

- 從報告的故事中，你聯想到什麼？
- 什麼是冒險？在哪一種情況下，就是在冒險？
- 你有過冒險的經驗嗎？（請寫在作業單內，並做口頭報告）
- 你從冒險的經驗中，學到了什麼？

活動三：向習慣挑戰

- 想一想：在你的親友中，有沒有成功改變生活的人（不管是工作上或生活上），請將他們改變的原因作法向同學報告。
- 試著去改變一下平常做事的方法或生活的方式，看看有什麼不同的感覺？（結果寫在作業單）
- 試著找出一件平常不敢做的事，嘗試做做看，然後寫出你的感覺與心得。（例如：當小老師、演講……）

活動四：分享與回饋

- 設計冒險遊戲與標語（鼓勵別人能勇於冒險）。
- 共同欣賞與評鑑。
- 在本單元的活動中，你認為較有收穫的是什麼？

・請記錄這一週來，有關「冒險」的一些事例……

星期日
_____

星期一
_____

星期二
_____

星期三
_____

星期四
_____

星期五
_____

星期六
_____

____ 年 ____ 月 ____ 日至 ____ 年 ____ 月 ____ 日

參、創意的批判三寶

創意的第 10 把金鑰匙：分析（Analysis）

創意的第 11 把金鑰匙：綜合（Synthesis）

創意的第 12 把金鑰匙：評鑑（Evaluation）

創意的第10把金鑰匙

分 析

(*Analysis*)

是一種了解的力量
喜歡檢查、解析整體的各部分
具探討及了解彼此間關係的能力

分析（Analysis）

分析是……

分解

解碼

依序排列

觀察

分類

- 抽絲剝繭
- 撥雲見日
- 黑白分明
- 相互比較
- 優劣立判
- 清渭濁涇
- 分門別類
- 依序排列
- 細部分解
- 觀察入微

分析（Analysis）

分析是一種了解的力量，是指將概念或材料分解成若干部分，並了解各部分的關係及組織原理的邏輯思考能力。分析像是在腦中玩偵探遊戲，你必須找出某些特質，並使用這些特質來解決問題。具體來說，分析就是將事物「分解成很多簡單要素」，並決定各部分彼此與整體結構的關係。培養分析的能力就是希望在工作中，能把一件事情、一種現象、一個概念分成較簡單的組成部分，並找出這些部分的本質屬性和彼此之間的關係，再單獨進行剖析、分辨、觀察和研究。

笛卡兒（Descartes）在他的《談談方法》（*Discours de la méthode*）一書中曾指出，研究問題的方法分成以下幾個步驟：

1. 永遠不接受任何我自己不清楚的真理。
2. 可以將要研究的複雜問題，盡量分解成多個比較簡單的小問題，一個一個的分開解決。
3. 將這些小問題從簡單到複雜排列，先從容易解決的問題著手。
4. 將所有問題解決後，再綜合起來檢驗，看是否完全，是否已將問題徹底解決了。

這正是分析最好的運用。

（資料來源：http://zh.wikipedia.org/wiki/談談方法）

一、分析的特質

1. 喜歡分解事物：喜歡將事物分解成很多小部分，並探討其中的奧秘。
2. 善於解碼比對：為求理解其真意，透過解析、譯碼、比對等方法，釐清不明確的部分。
3. 喜歡事物的秩序性：對任何事物喜歡有條不紊，會將許多東西排序

或分類，使之有條理。

4.樂於觀察：對於事物會仔細觀察，能見到別人所未見到之變化。

二、分析的策略

1.要素分析的策略：提供一幅地圖或一張表格，讓孩子辨認其組成要素，例如：指出自然光的三原色、英文簡單句子的組成等。

2.關係分析的策略：將材料分解成不同部分或要素，讓孩子去了解、決定各部分或要素間的關係，例如：說出鍵盤和電腦的關係；鳥類之於羽毛，如同魚類之於鱗片；三角形之於三，如同正方形之於四。

3.序列分析的策略：仔細檢視每個序列的前三樣事物，再分析第二樣事物如何根據第一樣做變化，以及第三樣事物如何根據第二樣做變化。依照這樣的原則，從第三樣事物中，找出第四樣事物，並填入空格中。

例1： AC CC EC ＿＿＿＿＿＿

例2： 2 4 8 ＿＿＿＿＿＿

4.圖表分析的策略：用一個有用的圖表將某些文字或概念資料分析整理出來，例如：用圓圈代表某種特質，如動物；如果某樣東西沒有某種特質，就會被放在圓圈外面。

5.形態分析的策略：以結構的分析為基礎，再使用組合技術，來產生更多的新觀念。就一個問題的兩類以上不同屬性，分別列出其所有的元素，例如：如何設計一棟良好的房子：

可先以房子的形式為第一獨立要素，有以下可變的元素：平房、樓房、日式房子等，再以房子的材料為第二獨立要素，有以下可變的

元素：木材、磚頭、水泥等，之後再將兩種元素結合，如木造平房、木造樓房、磚造平房、磚造樓房等，使我們注意到表面無關的觀念，設法將之結合成為新觀念。

6.提問分析的策略：利用發問技巧，釐清抽象的概念，分析關鍵問題，幫助我們避免無謂的爭辯。

三、分析的訓練活動

1.玩拼圖時，可從現有的材料中找出特定條件的部分，例如：一樣的、相似的、相關和不相關的、重要和不重要的；又例如：分辨直角三角形和正三角形的不同、找出與前面一樣的圖形等。

2.玩偵探遊戲時，用數字或符號設計一組密碼，並請他人破解。

3.整理有關屈原的傳說，說明屈原的為人；或是說明海明威寫作之時代背景對他的影響等。

4.夏天就要過去，請幫忙拆洗電風扇，並能組合起來。

5.鼓勵看一篇福爾摩斯的探案，列出一些假設的問題，先問自己，再看解答。

分析（Analysis）

所謂「分析」是指，檢查一個整體的各部分，以探討及了解彼此間的關係。

◎分析的關鍵字是「分解」（拆開）◎

分析是解決問題的重要技巧之一，例如：做一道數學題目之前，先要分析已知和未知的條件，了解問題所在之處；而要解決臺北市塞車的問題，首先也要調查塞車時段、路段、車流量，找到發生問題的地方；心理醫師從病人的陳述中，了解病人內心衝突的原因，才能提供治療的建議；政府要分析才能了解物價上漲的原因，找到對策。俗話說：「知己知彼、百戰百勝。」分析也就是知己知彼的方法。

當你從事下列活動時，你正在分析：
 1.把蒐集的昆蟲貼上標籤。
 2.花一個週六上午把抽屜中的「寶藏」分類整理。
 3.設想自己是一位心理醫師，並曾為某一個人物做過許多次的心理治療，此時病人剛離開辦公室，請將病人內心的衝突及問題加以分析。
 4.寫一封信給書中主角，忠告其應如何與書中的其他人物相處、如何處理衝突，以及如何計畫其行動。
 5.調查市議員受到哪些人情的壓力。
 6.比較兩本書的插圖說明，並列出其可能對讀者產生的影響。
 7.比較你與兄弟姊妹對書中人物看法之異同。

分析（Analysis）

分析就是……

分析是什麼？試著把你的想法寫下來。

分析是：

1. 能在課文中找出五個形容景色的形容詞。
2. 會將一篇文章的綱要寫出來。
3. 能說出事件的正負面影響。
4. 能聽懂別人的「話中有話」。
5. 能找出問題的癥結所在。
6. 抽絲剝繭，能將事情的來龍去脈詳加了解。
7. 能將過去舊有的經驗與現況做不同的比較。
8. 能了解犯罪、犯錯的人之背景因素。
9. 能就圖畫找出其中做畫的技巧、表達的意境。
10. 能由圖表（如人口統計圖、職業分布……）中，讀出其中的意義。
11. 能由辯論比賽、演講比賽的內容中，聽出與自己的見解有何不同。
12. 能經常自我檢討，並且能逐條記錄，找出自己受歡迎或不受歡迎的原因。
13. 能從老師、父母親或同學的口中，找出自己情緒發生改變的原因。
14. 對計畫案能知道成功的希望有多少。

分析是：

請列舉其他分析的例子？

分析（Analysis）

時間餡餅：

· 你是否知道一天 24 小時是如何分配使用的？請模仿以下小華的時間分配圖，估計一下自己的各項活動占全天時間的比例，重新製作一張屬於自己的時間分配圖。

小華的時間分配圖

分析（Analysis）

· 畫完時間分配圖後，請回答下列問題：

1. 你對自己的時間管理滿意嗎？

2. 想想看哪些時間可以調整。

3. 請重新畫一個自己想實現的時間分配圖，並認真執行。

分析（Analysis）

· 下圖是一個管弦樂團員演奏座位的安排圖。這個樂團指揮頗為幽默，因此他想跟他的團員們開一點小玩笑，他給每個團員這張座位表，座位表上印了音樂的名稱，他提供了下面的線索，讓這些音樂家們自己找出座位的秘密來，你能找出誰該坐在哪裡嗎？

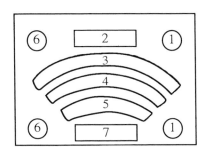

1. _____

2. _____

3. _____

4. _____

5. _____

6. _____

7. _____

線索：
　1.有 2 標誌的位置是給弦樂器準備的。
　2.小提琴的位置是在低音提琴和橫笛之間。
　3.口琴的位置在小鼓和小喇叭之間。
　4.小喇叭的位置較小鼓的位置接近小提琴的位置。
　5.口琴的排列較小提琴的排列為長。
　6.橫笛的位置在低音喇叭的右邊。
　7.小鼓的位置在低音喇叭之間。

・假如你是這個樂團的指揮，請你也設計一個類似這樣的遊戲，給大
　家分析看看。

分析（Analysis）

- 請用任何有效的統計表依你的喜好組成一個明星球隊，也可從過去
  參加的球員中挑一隊來進行。

（空白框）

- 讓五種豆科植物（或其他任何長得快的植物）發芽，用一種植物做
  控制組：正常的水、空氣、光線和土壤，其他四種則各改變其中一
  項條件，例如：
  例 A：正常的水、空氣、陽光和沙質土。
  例 B：正常的水、空氣、土壤，沒有陽光。
  六週後分析其結果。

（空白框）

分析（Analysis）

· 嘗試下面的類推，最後四個由你自己創造：

1.時間之於時鐘，猶如溫度之於＿＿＿＿＿＿＿。

2.昭之於明，猶如青之於＿＿＿＿＿＿＿。

3.墨水之於鋼筆，猶如油漆之於＿＿＿＿＿＿＿。

4.真實之於虛假，猶如睡著之於＿＿＿＿＿＿＿。

5.草之於牛，猶如＿＿＿＿＿＿＿之於雞。

6.蝴蝶之於天空，猶如小蟲之於＿＿＿＿＿＿＿。

7.＿＿＿＿＿＿＿＿＿＿＿＿＿＿＿＿＿＿＿

8.＿＿＿＿＿＿＿＿＿＿＿＿＿＿＿＿＿＿＿

9.＿＿＿＿＿＿＿＿＿＿＿＿＿＿＿＿＿＿＿

10.＿＿＿＿＿＿＿＿＿＿＿＿＿＿＿＿＿＿＿

分析（Analysis）

- 請寫出一些和「夢」或「夢想」有關的詞句，並設法加以分等級。
  第一級表示最淺、最容易達成的，例如：噩夢、靈魂、自由夢、夢
  想、理想、幻想、浪漫夢境。

第一級：

第二級：

第三級：

第四級：

分析（Analysis）

- 想一想，分析一下，爸爸媽媽對你的照顧，期望有何相同的和相異之處？

┌─────────────────────────────────────┐
│   │
│   │
│   │
│   │
└─────────────────────────────────────┘

參考答案：1.爸爸出錢買菜，媽媽負責煮菜。
2.爸爸為照顧我們而努力外出工作，媽媽則辛苦做家事。
3.爸爸希望我將來當牙醫，媽媽希望我將來當獸醫。
4.他們都很愛我。
5.他們對我的功課要求都很高。

- 請回想一下，你的幼兒園老師和現在的級任老師，有哪些相同點？哪些相異點？

┌─────────────────────────────────────┐
│   │
│   │
│   │
│   │
└─────────────────────────────────────┘

參考答案：相同點 1.都很年輕。
2.都未婚。
3.嘴巴都很大。
相異點 1.幼兒園老師是女的，現在的級任老師是男的。
2.幼兒園老師會發點心，現在的級任老師不會。
3.幼兒園老師常教我們唱歌，現在的級任老師常罵我們。

分析（Analysis）

· 請注意下面的算式，先分析前五個算式，再寫出後二個算式的答案
（摘自萬國興、顏妃秀編譯之《數學智慧遊戲》一書）

$$9 \times 9 = 81$$
$$99 \times 99 = 9801$$
$$999 \times 999 = 998001$$
$$9999 \times 9999 = 99980001$$
$$99999 \times 99999 = 9999800001$$
$$999999 \times 999999 =$$
$$9999999 \times 9999999 =$$

參考答案：999998000001；99999980000001。

· 時鐘和手錶都可以幫助人們了解時間，請問他們有何不同之處？

參考答案：1.時鐘掛在牆上，手錶可隨身攜帶。
2.時鐘較大，手錶較小。
3.電視上不曾廣告時鐘，卻有許多手錶的廣告。
4.別人生日不能送「鐘」，卻可送手錶。

分析（Analysis）

・ 先觀察下列圖案並數一數各類形狀有幾個，再填入下面空格：

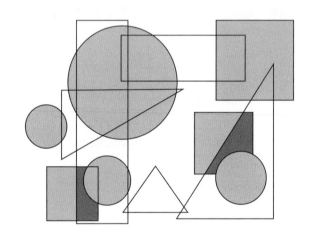

1.＿＿＿＿形有＿＿＿＿個；2.＿＿＿＿形有＿＿＿＿個

3.＿＿＿＿形有＿＿＿＿個；4.＿＿＿＿形有＿＿＿＿個

分析（Analysis）

- 你能將下列這些字，其中的兩個合併起來，組成一個常見的字嗎？
  你能組合出多少字？愈多愈好喔！
  帝、亥、才、木、溝、古、斥、戒、口、畏、鳥、可、人、乃、
  共、匚、廚、噪、自、俊、寧、昔、闌、蒙、肅、齉、番

參考答案：梭、核、枯、咳、啼、噪、嚀、鳴、哄、呵、兩、柝、
拆、操、欄、攪、估、偎、何、供、借

分析（Analysis）

· 請聆聽或欣賞一段故事，再列表將劇中人物的特質一一列出，之後
  將自己的人格特質寫出，並討論哪些特質有助於個人將來的發展，
  而哪些特質有礙於自己的成功（故事需挑選配合學生學習之主
  題）。

劇中人物的人格特質：

我的人格特質：

分析練習 1

- 如果你想了解大家最喜愛看的電視節目是哪些，你該如何設計調查問卷？

分析練習 2

· 請試著分析現代學童罹患近視比例偏高的原因，並請按照影響力的大小，排出順序。

原因：

解決之道：

分析練習 3

· 請試著將自己每天放學回家，或下班後到晚上睡覺前的這一段時間，所做的各種活動及所花的時間，按實際情形列出。

· 檢討分析：

1. 自己花最多時間的是哪項活動？對自己最重要嗎？

2. 自己的時間分配方式是否有效率？

3. 怎樣才是最有效率的分配方式呢？

分析練習 4

- 阿三和小五分別是黑、白兩國的諜報員，而黑、白兩國又是敵對的
  國家，因此，阿三和小五兩人自然是死對頭了。有一回，阿三攔劫
  了小五發出的情報，這份情報全是密碼，而且據說是一份極機密、
  極重要的情報，於是阿三費盡心思去破解密碼；不愧是名諜報員，
  阿三不到一會兒的功夫便找出破解密碼的訣竅，列了一張解碼表，
  可是當他一個字、一個字地譯出密碼時，卻氣得吹鬍子瞪眼，你知
  道為什麼嗎？不妨你也試著破解這份密碼，就知道真相了。
  （本資料取自《親代創造思考寶庫》一書）

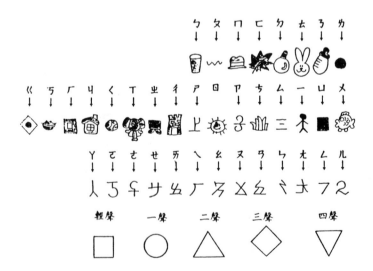

- 小朋友，阿三為什麼會氣得吹鬍子瞪眼呢？請你把這份密碼翻譯出來，寫在下面的空白處，就知道是什麼原因了。

密碼

分析練習 5

- 請練習設計一份密碼，讓你的朋友來猜猜看，密碼的內容是什麼？
  解碼表也請附在最下面。

密碼內容：

解碼表：

分析練習 6

- 先聽一小段音樂（例如：交響樂、管弦樂、節奏樂、國樂等），然後分析這一段音樂是由哪些樂器所演奏出來？它的節奏是怎樣？它所代表的意境又是如何？

- 請找個時間，注意觀察每一個人打電話時的姿勢或動作（對象不拘），然後根據你的觀察結果，列出一般人在打電話時，通常會有什麼樣的姿態或動作出現。

分析練習 7

· 請仔細觀察兩種不同的花（不限什麼種類），然後畫出它的形狀，
  並比較它們的不同之處。

比較：

分析・開門

・ 現在你已有做「分析」活動的經驗，你可以準備創造一個類似的活動去考考別人了。

分析的創造思考教學活動設計

設 計 者：李秀鳳
指導教授：陳龍安
單元名稱：分析
思考技巧：分析法
活動目標：1.培養兒童具有分析的概念與能力。
　　　　　2.使兒童學會用正確的分析判斷去解決問題。
準備教具：題目卡、作業單、色筆
活動構想：本活動設計，首先要讓兒童了解分析的意義與其在生活中
　　　　　的重要性。接著藉由各種作業單的練習，以了解如何利用
　　　　　分析去探究各種問題，並解決問題。

活動內容：

活動一：你表演，我來猜
・ 教師事先準備題目卡約十至二十題（內容可採用成語）。
・ 將學生分組，請組長抽題，用肢體語言去表達項目意義，由隊友根
　據表演之動作，來猜出答案，然後計算各隊在規定的時間內猜中的
　題數，來決定勝負。

活動二：抽絲剝繭話「分析」
共同討論：
・ 什麼是分析？請舉例說明什麼情況是在做分析的事？
・ 分析在我們的日常生活中，有什麼重要性？
・ 哪些方法可以幫助我們做正確的分析？

活動三：分析練習

‧ 分析同學最喜愛看的電視節目是什麼？
　◎設計問卷、評鑑問卷設計的優缺點。
　◎實地調查、訪問班上同學。
　◎調查結果的統計報告。
‧ 分析自己作息時間的安排是否理想？
　◎每個人發給一張畫好的「時間餡餅」，請同學將每個事項所花的
　　時間填在表上，並用不同顏色標示出每項事情所占的比例。
　◎報告、討論：
　　※自己的時間安排是否有效率？
　　※怎樣才是最有效率的分配方式？

活動四：分享與回饋

‧ 學生練習設計「分析」作業單。
‧ 口頭報告，在這個活動中學到了什麼？

- 請記錄這一週來，有關「分析」的一些事例……

星期日

_____

星期一

_____

星期二

_____

星期三

_____

星期四

_____

星期五

_____

星期六

_____

____年____月____日至____年____月____日

創意的第11把金鑰匙

綜　合

(*Synthesis*)

是一種組織的力量
有效整合不同的人、事、物
或重新安排各部分，而形成新結構的能力

綜合（Synthesis）

綜合是……

放在一起

組合、整合、結合

改變、結構

更改、形態

設計、重建

・博古通今
・包羅萬象
・齊聚一堂
・一以貫之
・萬流歸宗
・化零為整
・一網打盡
・綜合歸納
・改頭換面
・科際整合

綜合（Synthesis）

綜合是一種組織的力量，也是指組合或安排各種要素，形成一個整體、模式、歷程或將片段概念知識、原理原則與事實等統合成新觀念的整合能力。亦為有效整合不同的人、事、物，或重新安排各部分，形成新結構的能力。綜合是把各單位放在一起組成一個整體，當我們看到文字裡有「一以貫之」、「一網打盡」、「綜合歸納」、「萬流歸宗」、「博古通今」等，就是綜合的形式。

一、綜合的特質

1. 喜歡組合物品：就像樂高積木一樣，把很多塊積木組合起來，就可以組出一棟房子或一部汽車。
2. 經常設計東西：如用一些布料設計出一件衣服樣式出來。
3. 喜歡除舊布新：整理房間，把一些物品重建及整理。
4. 更改的衝動：一看到舊的東西或觀念，便想更改其中的想法，使其變成一個新的構想或新的物品。

二、綜合的策略

1. 強力組合法：將兩樣或兩樣以上的事物結合在一起，看看能否產生一種新觀念。可否增加什麼？可否附加些什麼？可否增加使用時間？可否增加頻率、尺寸、強度？可否提高性能？可否重新組合？可否嘗試混合、合成、配合、協調、配套？把目的組合？把特性組合？把觀念組合？
2. 整合法：指問題要素的不斷整合，亦即用強迫法，將大家的創意聯想整合成為一個創意。

3.重組法：在語文課中，利用某些詞句，或是提出一些問題，如「假如你是一棵樹，你會有什麼感覺？」探求新觀念或新事例。

4.五官並用法：以問題內容引起注意，利用各個感官去知覺事物，並表達思想或情感，例如：春節那天你看到、聽見、聞到哪些新奇的景象？把它寫出來。

5.創造性寫作技術：任意提示一個標題，如「農夫見到外星人」，寫一篇假想事件的新聞報導。隨意給一些詞，如以「神木、鬼屋、黑貓……」編寫一個故事，並替故事取一個吸引人的題目。

三、綜合的訓練活動

綜合能力可以透過各種不同的訓練加以提升，例如：

1. 玩拼湊的活動或扮家家酒的遊戲。
2. 利用偶具、演戲、音樂等方式來呈現報告。
3. 拍攝各類可代表對某本書籍了解情形的照片。
4. 利用某些文句語詞來編造一個新故事。
5. 設計一個自助旅遊。

綜合（Synthesis）

綜合是把各部分放在一起組成一個整體，或重新安排各部分形成一個新的形式或結構。通常是將所有的意見綜合而形成一個獨特的計畫，或將片斷的知識用自己獨特的方式加以統整，就像論文中的文獻，綜合各家學說，彙整成一篇文章。這些都是綜合能力的表現。

◎綜合的關鍵字就是「以新的方式組合」◎

當你從事下列活動時，你即是在運用綜合的技巧：

1. 為自己和朋友組成的俱樂部編一個密碼。
2. 用三塊大理石、剩下的舊玩具和零散的棋盤，設計一個新的遊戲或藝術創作。
3. 設計一張地圖或流程圖。
4. 為一張漫畫寫一個新標題。
5. 用冰箱剩下的東西做一個綜合三明治。
6. 為自己服務的機構擬訂一個發展計畫。
7. 寫一篇有系統、有組織的作文。
8. 把某一本書中的故事寫成新聞或專訪，並像報紙的頭條新聞提上標題。
9. 想像自己是設計家，要為一本書設計一個新封面及每一章之插圖。
10. 請用「黃昏」、「枯樹」、「流浪人」組成一篇新奇的故事或詩歌。
11. 製作一個木雕，來代替小說的主題或人物。
12. 用照片、圖片及幻燈片來報告自己的旅遊經驗。
13. 假設這本書要拍成電影，請為其畫一張廣告海報。
14. 設想你是書中某一位重要人物，請用啞劇來表達出你對這本小說情

節的發展。

15.設想你在出版社的廣告部門工作，請為某一本書設計一個廣告展示會（可用作者的照片、海報或厚紙板等任何方式來表達）。

16.拍攝各類可代表你對某本小說了解程度的照片。

17.將小說中的某一事件拿來做辯論的主題。

18.為書中的主角在人力銀行中找一個適當的工作，並替他寫一封應徵信及安排面談。

19.設想你是一位報社記者，請為書中最重要之事件寫一篇新聞或專訪。

20.寫一篇有關書中的某問題、情境、人物或主題的短篇小說或詩。

練習

在做一件新的事情時，請運用你的綜合技巧做一個表格。

綜合（Synthesis）

綜合就是……

綜合是什麼？試著把你的想法寫下來。

綜合是：

1. 將一篇故事拆成不同的段落，讓自己重新組合成完整的故事。
2. 能主持會議並歸納大家的意見。
3. 酸甜苦辣大雜燴——五味雜陳。
   加減乘除攏總算——靈活運算。
   組合改進變一變——包羅萬象。
   化零為整大清算——歸納演繹。
4. 分解＋重整、萬花筒、妙妙鏡。
5. 非常破壞、非常建設、變化無窮。
6. 琴棋書畫樣樣通。
7. 說學逗唱樣樣行。
8. 自編自導自演自評。

綜合是：

綜合（Synthesis）

· 你能夠為下面這張漫畫設計新的對話嗎？

1.

2.

3.

綜合（Synthesis）

· 利用空線軸，再加上周圍你能找到的雜物，創造一個機器或裝置，
　給它取個名稱並說明它的功能。

· 請向親切的圖書管理員要一份杜威圖書十進位分類法，將一堆書做
　正確的分類，再利用這種分類法去整理組織你生活周遭的事物。

綜合（Synthesis）

・假設你是一位愛吃牛肉餡餅的人，現在興起了吃甜食的念頭，請計畫製作一種全新口味的甜脆牛肉餅。

1.餅的外皮：

2.基本佐料：

3.其他材料：

4.製作方法：

5.請對你的「傑作」做一個說明：

綜合練習 1

· 請把不同動物的特徵結合起來，畫成一隻曠世大怪獸。

綜合練習 2

· 請運用綜合的技巧，把冬瓜、青蛙、電視機、長頸鹿、蝴蝶和四條魚，設計成一個故事的情境，並試著說出或寫出故事的主題和內容。

綜合練習 3

- 「糖果屋」的故事讓人百看不厭，現在請利用不同動物的特徵或特性，把世界各地的珍奇動物綜合起來，畫成一棟小屋，並替這棟小屋取個名字。

綜合練習 4

· 請把「柯」、「汪」、「住」、「哈」和「捨」這些字，拆開後再組合成其他的字。

> [空白框]

· 你一定聽過或看過「國王的新衣」這個童話故事，現在請你說出或寫出這個故事的大意。

> [空白框]

綜合練習 5

- 看了以下這幾張圖，你想到什麼？請寫成一篇文章，並自訂一個題
  目。

 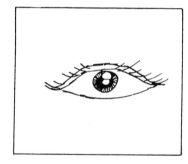

題目：

_____

內容：

綜合練習 6

- 看到下面這兩張圖片，你想到什麼？請寫成一篇有趣的故事。

綜合‧開門

‧ 綜合活動是很有趣的，它需要運用創造思考及批判思考的能力，包含創作新事物及改變舊事物，請設計出一個綜合活動與其他人共享。

綜合的創造思考教學活動設計

設 計 者：李秀吟
指導教授：陳龍安
單元名稱：綜合
思考技巧：腦力激盪、強迫組合、聯想法、屬性列舉、比擬法
活動目標：1.學生能積極愉快的體驗綜合的意義，並訓練綜合的能力。
　　　　　2.學生能發揮團隊精神，群策群力，過關斬將。
準備教具：色筆、書面紙、作業單、「萍聚」歌詞、吐司、水果刀、
　　　　　筷子、冰箱剩食、剪刀、膠水。
活動構想：分組競賽一向是學生的最愛，將多項有關綜合技巧的活動
　　　　　作為競賽的項目，必能使學生積極愉快的從活動中體驗綜
　　　　　合的意義，並藉以訓練綜合的能力。

|活動內容|：
活動一：過關斬將
學生分兩組，分別或同時進行下列多項活動，計算積分，比高下，並
予以獎勵。
・標題看招：看完漫畫或報導後，寫出標題。
・天使之音：請你把「兩隻老虎」的曲，配上另一首歌的詞，唱一唱。
　　（詞曲也可以由大家抽籤決定）
・曠世怪獸：大家分工合作，把不同動物的特徵結合起來，畫成一隻
　　曠世大怪獸。
・文字百納：請把媽媽、蚊子、腳踏車、外星人、小河、孔子、大鍋
　　飯等語詞組合起來，寫出一篇故事。
・三明治：利用土司麵包和冰箱剩下的食物（如水果、昨晚的剩菜）
　　做成三明治，數量要夠整組人吃。
・組員介紹：請用比擬法，介紹你們這組的組員。

※每項活動視年級和性質不同，可自訂時間限制。
※前四項可參考或配合作業單進行教學；第五項請於上課前一天通
　知學生帶來冰箱剩食。
※最後成績揭曉，獎勵優勝組。

活動二：綜合博士出場
・請學生發表過關斬將的心得和感想。
・師生討論「綜合」的意義和關鍵字。

活動三：經驗分享
・請學生說說曾經運用「綜合能力」處理的事情和經過。

活動四：各顯神通
・齊聚一堂，組合重建：請學生剪下圖紙上的冬瓜、青蛙、電視機、
　長頸鹿和蝴蝶，運用綜合的技巧，重新組合，貼於作業單上。
・包羅萬象，一以貫之：請學生在作業單上，用色筆添加美化，設計
　成一個故事的情境。
・秀場開鑼，聽我道來：請每個學生說出或寫出故事的主題和內容。

活動五：習作與回饋
・若學生的學習興緻高昂，時間也許可，不妨讓學生再練習其他的作
　業單，例如：「糖果屋」、「我們這一班」……。
・請學生自己設計「綜合」的作業單，如此老師更可知學生在本單元
　的學習是否融會貫通？或發現其他的教學問題。

・請記錄這一週來，有關「綜合」的一些事例……

星期日

_____

星期一

_____

星期二

_____

星期三

_____

星期四

_____

星期五

_____

星期六

_____

_____年_____月_____日至_____年_____月_____日

創意的第12把金鑰匙

評　鑑

(*Evaluation*)

是一種批判的力量
凡事能形成自己的明確標準
用來評估事物的優劣點，並有效做抉擇

評鑑（Evaluation）

評鑑是

決定
批評
評比
評量
權衡
判斷

・品頭論足
・評論審定
・評判是非
・評量品第
・評估好壞
・批評判斷
・分析判斷

評鑑（Evaluation）

評鑑是一種決斷的力量，具有批評（critique）、決定（decide）、判斷（judge）、評量（measure）和權衡（weigh）的含義，也是指能夠建立評估標準並做價值判斷的能力。評估標準可以自訂或用現有的標準，對觀念、作品、解答、方法和材料進行價值判斷。培養孩子判斷是非的能力非常重要，教導孩子凡事能形成自己的明確標準，用來評估事物的優劣點，並有效做抉擇。評鑑也是衡量物質的價值、做事的觀念或方法的過程。

就評鑑的專業術語來說，Bloom（1956）的「認知領域目標分類」（黃光雄等譯，1983）所謂的評估標準可分為：

1.依內部證據而判斷：依據邏輯的正確性、一致性或其他內部指標等證據，判斷一項訊息的準確性，例如：指出一段文字語句中的錯誤、靜物素描畫的比例和光影處理等瑕疵。

2.依外部規準而判斷：參照選擇或記憶中的指標，以做為評價的參考架構，例如：以速度和正確度來評斷中文打字的表現。

一、評鑑的特質

1.深思熟慮、喜歡質疑假設、要求證據，喜歡測試新的觀點，以求改進。

2.邏輯思考能力強，能夠依據一定的規則推演出結論。

3.獨立思考能力強，有自己的一套思考模式，會一個人解決問題。

4.好辯、喜歡廣泛涉獵非專業領域的知識，善於運用逆向思考、會從不同角度看問題。

5.直覺敏銳、能覺察別人沒發現的問題，會做建設性的批評與建議。

6.自我監控（自我調節）的能力強，樂於依自己的標準評估情境。

二、評鑑的策略

1.檢查的策略：提供一項物品或流程，以檢視程序或產品中的不一致性或錯誤之處，並能尋求解決的方法。

2.評論的策略：評論物品或解決問題的方式，確認其是否具有一定的標準及適切性，例如：評論某一事件的解決方法。

3.自我反問的策略：目的在於判斷資訊的真偽，例如：某項資訊是否不帶偏見、正確、有用、真實，而且可信？在進行評估時，可以用字母縮略字「CAMPER」，來詢問自己更多深入的問題：

結果（Consequences）：這個想法會帶來什麼結果？

假設（Assumptions）：這裡提出的假設為何？

主題（Main issues）：這裡討論的主題為何？

成見（Prejudices）：這項資訊是否帶有任何成見？

證據和實例（Evidences and examples）：支持這項觀點的證據是什麼？有什麼實例？

可信度與關聯性（Reliable and relevant）：這項證據或資訊有多少可信度與關聯性？

三、提升評鑑力的活動

1.品頭論足：可以透過自己既有的觀念與判斷，對他人或事物做評估。

2.評判是非：由自己的價值判斷或者社會觀感的標準，來對事物或人的行為評判對與錯。

3.批評判斷：用一套標準法則，來判斷人、事、物，再決定如何取捨。

4.評估好壞：將任何事物進行好與壞的評估。

評鑑（Evaluation）

評鑑是根據某些標準，而形成自己批判事物優劣的觀點，亦即是衡量物質的價值、做事的觀念或方法的過程。評鑑總是以明確的標準為基礎，而不只是情感的反應。

◎評鑑的關鍵字是「接近」◎

當遇到下列情況時，你正在做評鑑：

1. 逛街買鞋時，看了幾雙後，決定買皮鞋而不買帆布鞋。
2. 投票選出立法委員。
3. 計畫建造一座花園，而在決定種植何種蔬菜和花卉之前，必須考慮所需土壤和所花費的時間。
4. 重寫一份重要的計畫，因為自己已想到一些改善方法。
5. 和同學討論香港亞姐選美，誰會奪冠。
6. 媽媽新學了一道菜，要我嚐嚐她的手藝。
7. 在男女朋友交往的過程中，不斷地評鑑彼此是否適合與對方共同生活。
8. 各種考試的目的，即在評鑑學習成果及是否具備應有的能力。
9. 環保局調查各家工廠是否做好廢水、廢氣的處理。

練習：

請將各種能表現出評鑑力的方法列下來：

1. _____

2. _____

3. _____

4. _____

5. _____

評鑑（Evaluation）

評鑑就是……

評鑑是什麼？試著把你的想法寫下來。

評鑑是：

  1.能指出錯誤的動作。
  2.知道主席主持的好不好。
  3.引古論今，言之成理。
  4.能比較自己和別人文章的優缺點。
  5.能說出朋友的優點。
  6.成功的喜悅。
  7.成本低，不花錢，隨處可施、可用。
  8.選出一種理想的生活方式。
  9.能比出高下優劣。
10.找出成功與失敗的關鍵。
11.找出自己的優缺點。
12.能提出具體的解決方案。
13.汰舊換新、考核好壞。
14.排除困難、解決問題。
15.對學習成果檢討。
16.好用、簡便、有效。
17.接納跨越各領域的意見。

評鑑是：

評鑑（Evaluation）

- 評鑑是依據某項標準做價值判斷的能力。具有下列特徵：
  1. 根據內在或外在的標準對某一事物做判斷。
  2. 評定事物或意見的等第或滿意程度。
  3. 根據已知的標準決定接受或拒絕某項事物。
  4. 評判某一事物的一致性、連貫性、準確性及有效性等。
  5. 評鑑可能是屬於量或質的，其標準可能由學生本人決定，或由別人所提供。

下面的例子也是評鑑的活動：

- 你的鄰居計畫替她五歲大的女兒舉行一個生日宴會，她一共邀請了十二位同齡的女孩子，你想到商店去買四種點心招待他們，請選出你決定買的物品，並加以說明理由。

- 請列舉出你認為做一位市長所需具有的五個重要特質，在每個範圍內，對於市長的行為表現給予一至五個等級的評定。

評鑑（Evaluation）

· 根據雜誌或報紙的資料，選出其中四種你未曾用過的電器廣告。

· 仔細閱讀廣告資料，選出其中想試試看的一種，並舉出至少三個理由說明你選擇的原因。

評鑑（Evaluation）

- 你可以更進一步的採取這種評量方法，用在每一種電器廣告，看看是否你所列出的意見或理由，會比廣告資料更詳盡。

- 想出一個需要讓別人從事評鑑的活動，並替他們列出一些評鑑的標準。

評鑑（Evaluation）

· 假使你負責一項義大利脆餅比賽的評選，你將以什麼做為選出勝利
  者的標準呢？請設計一個評分表：

評鑑（Evaluation）

· 如果你要選民意代表，你選擇的條件為何？

參考答案：熱心助人、肯為民服務、不買票、不在開會時打人罵人。

· 請問你對自己滿意嗎？請說明理由。

評鑑（Evaluation）

・大家都曾經幻想自己將來的先生、太太是個怎樣的人，現在，就你的想法，把你以後要選擇的伴侶，訂一個標準（寫或畫都可以）

參考答案： 身高 180、智商 180，常常保持笑容，有正當行業，容易
與我相處的人。

評鑑（Evaluation）

·你會選擇怎樣的人做你的知心朋友？請寫出你的條件：

（空白作答框）

參考答案：永遠精力充沛，和我興趣相投，能和我一起玩、一起哭、一起笑的人。

評鑑（Evaluation）

· 假如你是班上的事務股長，老師要你選購六種獎品作為對本學期表現優良同學的鼓勵。以下是大家建議的獎品名單，老師給予你完全的決定權，請你自己設定評鑑標準，以「√」選出你決定購買的獎品，並說明理由。

標準　　獎品名稱	1. 不超過 100 元	2. 有意義	3.	4.	5.
1.					
2.					
3.					
4.					
5.					
6.					
7.					
8.					
9.					
10.					

理由：

評鑑（Evaluation）

· 《西遊記》故事中的四位主角各有特色，你覺得他們是怎樣的人？

孫悟空：＿＿＿＿＿＿＿＿＿＿＿

沙悟淨：＿＿＿＿＿＿＿＿＿＿＿

豬八戒：＿＿＿＿＿＿＿＿＿＿＿

唐三藏：＿＿＿＿＿＿＿＿＿＿＿

參考答案： 孫悟空：神通廣大、法力高強、精力充沛、像我一樣。
沙悟淨：任勞任怨、默默付出、像爸爸一樣。
豬八戒：好吃懶做、像弟弟一樣。
唐三藏：心地善良、愛心無窮、像媽媽一樣。

· 從幼兒園到現在，你覺得有哪一項玩具曾經是你最喜歡的？有沒有什麼特殊的原因？

參考答案： 1.芭比娃娃。
2.因為她很可愛，有長長的金髮，眨呀眨的眼睛。

評鑑練習 1

· 你認為作為一個好哥哥或好姊姊，應該具備哪些條件？請寫出十項來。

· 假如你有弟妹，你覺得自己是好兄姊嗎？用你所寫的十個條件給自己做個評鑑，並且簡單的說明。

給自己的總評：

評鑑練習 2

· 你曾經上過才藝班或補習班嗎？假如你即將開設一家才藝班，你會開什麼樣的才藝班。

· 你希望你的才藝班受家長和小朋友的歡迎，你想該注意到哪些事項？請寫在下面。

· 你最近正在上（或上過）的才藝班是哪一種？較符合你的理想是哪一種？

需要改進的地方是：

評鑑練習 3

- 每一學期的校外教學總是讓人拭目以待、難以忘懷。如果下一次的校外教學請你來選擇地點，你想「它」該具備哪些特色呢？請寫出來。（至少五項，至多十項）

1. _____

2. _____

3. _____

4. _____

5. _____

6. _____

7. _____

8. _____

9. _____

10. _____

・你建議的地點是：

・符合上面哪幾項標準：

評鑑練習 4

- 我將來很有可能為人父母，我將會怎麼扮演這個角色呢？請寫出十
  項（寫在左欄）。並以這些條件，為自己的父母評評分（最少 0
  分，至多 5 分），再說明這樣評分的理由。

扮演的角色	為父母評分	理由
1.		
2.		
3.		
4.		
5.		
6.		
7.		
8.		
9.		
10.		

評鑑・開門

· 想出一個需要讓別人從事評鑑的活動，並替他們列出一些評鑑的標準。

評鑑的創造思考教學活動設計

設 計 者：宋美麗

指導教授：陳龍安

單元名稱：評鑑

思考技巧：腦力激盪

活動目標：讓兒童學習建立客觀的標準，對周遭的事物能做正確的價值判斷。

準備教具：作業單、空白作業單

活動構想：透過生活事物做決定的討論，讓兒童了解自己與別人對事物判斷的價值觀有何不同，並做正確的調整。

活動內容：

1. 如果老師要購買一些獎品，做為班上表現優良同學的鼓勵，你有什麼建議？（將大家提出的獎品名單記錄在作業單上）

2. 在這些獎品中，老師授權你選購其中六種，請你選出來，並且說明買或不買的理由。（完成作業單）

3. 討論：自己選擇朋友時，會依據哪些條件？請歸納在黑板上。

4. 依據這些標準，每個學生評量自己，是否能成為一個受人歡迎的益友？

5. 在日常生活中，有哪些事需要自己做決定？根據什麼標準或條件做這樣的決定？請全班發表。

6. 再討論：曾經做過什麼重要的決定？為什麼這樣決定？後果如何？

7. 討論：是否做過錯誤的決定？舉例說明。大家共同找出錯誤的癥結。

8. 用作業單做評鑑練習。

9. 完成作業單後，全班共同訂定評鑑標準，來評量這些作業單。

10.每個人設計一個練習評鑑的活動，寫在空白作業單上。

11.整個教學活動結束前，請每位學生發表學習心得。

· 請記錄這一週來，有關「評鑑」的一些事例……

星期日

_____

星期一

_____

星期二

_____

星期三

_____

星期四

_____

星期五

_____

星期六

_____

_____ 年 _____ 月 _____ 日至 _____ 年 _____ 月 _____ 日

參考文獻

中文部分

郭有遹（1973）。**創造心理學**。台北市：正中。

陳龍安（1984）。啟發創造思考的策略。載於台北市教師研習中心（編），**創造性教學資料彙編**（頁 71-112）。台北市：台北市教師研習中心。

黃光雄等（譯）（1983）。**認知領域目標分類**。高雄市：復文。

萬國興、顏妃秀（編譯）（1991）。**數學智慧遊戲**。台北市：前程出版社。

親代文化（1985）。**親代兒童：第二卷第四十期**。台北市：作者。

親代文化（1985）。**親代兒童：第三卷第八期**。台北市：作者。

親代文化（1985）。**親代創造思考寶庫 8：益智**。台北市：作者。

韓幼賢（1984）。**心理學**。台北市：中央圖書出版社。

英文部分

Bloom (1956). *Taxonomy of educational objectives, the classification of educational goals (Handbook I): Cognitive domain.* New York, NY: McKay.

Leeper, R. (1935). A study of a neglected portion of the field of learning: The development of sensory organization. Journal of Genetic Psychology, 46, 41-75.

Osborn, A. F. (1957). Applied imagination (3rd ed.). New York, NY: Scribner.

國家圖書館出版品預行編目（CIP）資料

創意的 12 把金鑰匙：為孩子打開一扇新窗／陳龍安編著.
--初版. -- 臺北市：心理，2014.05
面；　公分.--（創造力系列；62036）

ISBN 978-986-191-602-6（平裝）

1. 創造思考教學　2. 創造力

521.426　　　　　　　　　　　　　　103007032

創造力系列 62036

創意的 12 把金鑰匙：為孩子打開一扇新窗

編　著　者：陳龍安
執行編輯：郭佳玲
總　編　輯：林敬堯
發　行　人：洪有義
出　版　者：心理出版社股份有限公司
地　　　址：台北市大安區和平東路一段 180 號 7 樓
電　　　話：(02) 23671490
傳　　　真：(02) 23671457
郵撥帳號：19293172 心理出版社股份有限公司
網　　　址：http://www.psy.com.tw
電子信箱：psychoco@ms15.hinet.net
駐美代表：Lisa Wu（Tel: 973 546-5845）
排　版　者：辰皓國際出版製作有限公司
印　刷　者：辰皓國際出版製作有限公司
初版一刷：2014 年 5 月
I S B N：978-986-191-602-6
定　　　價：新台幣 300 元